Convivencia intercultural e idearios de odio

Joan Antón-Mellón
Elisenda Antón Carbonell
Ismael Seijo Boado

Convivencia intercultural e idearios de odio

Democracia comunal o barbarie

EDITORIAL COMARES

Granada 2023

Este libro se enmarca dentro del proyecto I+D+i «Administración compartida y bienes comunes: derecho y políticas públicas mediante gobernanza colaborativa» (Código oficial: PID2020-114735GB-I00), financiado por el Ministerio de Ciencia, Innovación y Universidades en la Convocatoria de ayudas del Programa Estatal de Fomento de la Investigación Científica y Técnica de Excelencia. Subprograma Estatal de generación del conocimiento. Modalidad Proyectos de I+D de Generación del conocimiento. Programa: Programa Nacional de ciencias sociales, económicas y jurídicas.

Facultad de Derecho
Departamento de Ciencia Política

SUMARIO

INTRODUCCIÓN[*]

Occidente muestra en los últimos años una oleada reaccionaria que cuestiona derechos y libertades que, ingenuamente, creíamos irreversibles y pone obstáculos al desarrollo de sociedades democráticamente avanzadas. Estamos ante una crisis civilizatoria cuyo exponente más obvio es la emergencia climática y el aumento de las desigualdades y la sobreexplotación, tanto en términos geopolíticos como socioeconómicos. No se discute la democracia, pero sí qué tipo de democracia y, por ello, se han tenido que diseñar nuevos conceptos politológicos para definir nuevas realidades: regímenes iliberales, derecha radical, nativismo, neopopulismos, etc.

Como afirmara Gramsci, cuando lo viejo no acaba de morir y lo nuevo no acaba de nacer aparecen los monstruos: Berlusconi, Trump, Bolsonaro, Meloni y los partidos de derecha radical ultranacionalistas, autoritarios, nativistas y xenofóbicos son ejemplos de ello. Esos partidos, igual que las diferentes ofertas de las derechas radicales del primer tercio del siglo XX (cuyo exponente más extremo fue el fascismo), conectan de múltiples formas con sentimientos, carencias y miserias de amplios sectores transversales de sus respectivas sociedades: miedos, angustias, resentimientos, crisis identitarias, xenofobia, temor a la pérdida de estatus, afán de poder, necesidad de comunidad, alienación, anomia. A todas estas angustias la derecha radical da respuestas fáciles a problemas complejos con el mito de la nación renacida y canalizando el odio hacia los sectores más vulnerables de la sociedad: los inmigrantes. Los regímenes iliberales y sus palmeros son una prolongación

* Esta obra se ha realizado en el marco del proyecto estatal presentado al Ministerio de Ciencia, Innovación y Universidades «Administración compartida y bienes comunes: derecho y políticas públicas mediante gobernanza colaborativa» (ACOBICO), Referencia PID2020-1147356B-I00, convocatoria 2020 de Proyectos I+D+i 2020 dirigido por I.P.1 Vicenç Aguado i Cudolà e I.P.2 Joan Antón-Mellón.

sistémica, internacional y nacional-estatal, del hegemónico neoliberalismo hasta la crisis económica del 2008. De esos polvos surgieron estos lodos.

De ahí que el objetivo central de la presente obra sea defender la posibilidad política de sociedades que opten por una gradual profundización de sus estructuras democráticas. Para lograr ciudadanos republicanos cívicos, soberanos, autónomos, libres y solidarios, seres humanos que en uso de su libertad individual y colectiva consigan que su pleno desarrollo personal sea, a la vez, desarrollo conjunto de la sociedad. Puesto que, desde una visión no alienada, no hay tontería ni sabiduría individual, sino colectiva. «Yo soy los demás» como afirmara Tierno Galván.

Como se expone en Alicia en el País de las Maravillas: «el que no sabe a dónde va aparece en cualquier parte». Hay que tener muy claro qué modelo de sociedad queremos construir, con qué estructuras, leyes, instituciones, cultura y valores. Desde la Ilustración en Occidente hay dos proyectos políticos que pugnan por imponerse: Ilustración o Anti-Ilustración; Socialismo o fascismo y, en nuestros días: Democracia Avanzada o Regímenes iliberales y/o autoritarios. Optar por esa utopía significa desechar distopías reaccionarias que enlazan con factores humanos muy negativos desde una óptica democrática: clasicismos, aristocraticismos, patriarcalismos, ultranacionalismos, liberalismos etnocráticos, belicismos, afán de lucro depredador, xenofobia, s y un largo etcétera.

La presente obra intenta ofrecer una propuesta de modelo de interacción social entre individuos y grupos sociales y culturales que se fundamente en la relación positiva y la resolución pacífica de los conflictos. Este modelo de interacción es la convivencia intercultural. Para exponer este modelo, se abordarán los distintos modelos que puede adoptar la interacción social, así como las distintas formas de gestionar la diversidad cultural que existen. Se propugna, así, una convivencia intercultural que minimice y neutralice la difusión de las doctrinas de odio e impida, en la medida de lo posible, los delitos de odio, a partir de un análisis descriptivo de las diferentes posibilidades de los modelos de interacción social, siguiendo las pautas teóricas de la antropología cultural. Para ello debe consolidarse una libre y federal convivencia democrática de todos los grupos étnicos que habitan un mismo territorio, sin derechos nativistas ni delirantes privilegios de primogenitura y defendiendo una gestión alternativa de conflictos al populismo punitivo. Todo ello con la interculturalidad como paradigma teórico y de políticas públicas capaz de superar las carencias de anteriores modelos asimilacionistas y multiculturales, en un mundo globalizado con constantes y crecientes flujos de población.

Para desarrollar estas cuestiones, el capítulo II comienza con una discusión sobre el espacio público y el ideal de convivencia. Inicialmente, se sitúa el concepto de espacio público, recogiendo su complejidad y las transformaciones que ha experimentado en la contemporaneidad, especialmente desde la implantación del neoliberalismo como racionalidad hegemónica. A su vez, se explican teóricamente los distintos modelos de interacción social que existen en las comunidades humanas (convivencia, coexistencia y hostilidad) y se desarrolla brevemente el papel de la gestión alternativa de conflictos en la promoción del ideal de convivencia. En el capítulo III se discute sobre la diversidad cultural, señalando las importantes transformaciones sociales experimentadas por las sociedades occidentales a partir de los fenómenos migratorias. De igual forma que con la interacción social, se abordan los distintos modelos existentes a la hora de gestionar la diversidad cultural (asimilacionismo, multiculturalismo e interculturalidad). Estos dos capítulos pretenden ofrecer el marco teórico en que se inscribe el modelo de la convivencia intercultural y sus ventajas con respecto a otros modelos de interacción y de gestión de la diversidad desde un punto de vista democrático.

Tras mostrar las fortalezas de la convivencia intercultural, los dos capítulos que siguen se dedican a explicar dos de las formas contemporáneas que adopta la barbarie. En el capítulo IV se analizan los idearios de odio, entendiendo por ellos al conjunto de ideas sociales que legitiman, justifican y promueven la violencia contra grupos sociales discriminados por distintos motivos (racial, étnico, de género, de orientación sexual, etc.). Aquí, se distingue entre discursos de odio y delitos de odio, así como el problema jurídico que supone la persecución de este fenómeno al poder entrar en conflicto con la libertad de expresión. Además, se explica cómo los idearios de odios entroncan con la interacción social, surgiendo de ella y, a su vez, teniendo importantes efectos sobre la misma.

Tras ello, en el capítulo V, se analiza otra de las manifestaciones contemporáneas de la barbarie como son los procesos de radicalización. Además de explicar teóricamente qué es la radicalización, cuáles son sus causas y qué tipo de errores son frecuentes en su análisis, se ejemplifica su riesgo para una convivencia intercultural a partir de dos expresiones de la misma: el islamismo yihadista y la ultraderecha.

Finalmente, en el capítulo VI, se describe la propuesta teórica de la democracia comunal como alternativa teórico-práctica a la mencionada visión regresiva de la democracia, proponiendo un cambio de paradigma (de la reactividad a la proactividad preventiva) para evitar las violencias sociales (individuales, grupales y sistémicas), superar la mera coexistencia y alcanzar una plena convivencia interétnica de identidades compartidas. Aquí se explica cómo la convivencia intercultural es un modelo que favorece especialmente la transición hacia un nuevo modelo de democracia socialmente más avanzada, la democracia comunal. Esta, caracterizada por el impulso a los bienes comunes como régimen de propiedad y administración, supone una ruptura con los déficits democráticos de las democracias liberales contemporáneas, así como con la hegemonía neoliberal y su profundización de las desigualdades sociales. La democracia comunal pretende pasar de un régimen principalmente privado e individualizado a uno público-comunitario, desechando nativismos excluyentes, reaccionarios y ultranacionalistas. Se cierra la obra con una serie de recomendaciones para establecer el ideal de la convivencia intercultural y el modelo de la democracia comunal, recordando siempre que a las políticas públicas hay que evaluarlas por sus consecuencias y no por sus intenciones, y a las personas por lo que hacen y no por lo que dicen. Estamos aquí: Democracia o barbarie.

II

ESPACIO PÚBLICO Y CONVIVENCIA

1. EL ESPACIO PÚBLICO: DEFINICIÓN Y TRANSFORMACIONES CONTEMPORÁNEAS

El presente apartado tiene como objetivo clarificar teóricamente los modelos de interacción social que se producen en el espacio público entre las personas que lo habitan. Se partirá de la afirmación de que esta interacción puede tomar básicamente dos formas: la de convivencia y la de no convivencia. En el caso de la no convivencia, esta puede dividirse en dos tipos distintos, a saber, la coexistencia y la hostilidad. Además, se entiende que los conflictos forman parte de la interacción humana, cualquiera que sea, pero lo diferencial es su forma de gestionarlos. De cara al establecimiento de una democracia comunal, se argumentará la potencialidad en esta empresa de las relaciones de convivencia y una gestión pacífica y positiva de los conflictos.

Antes de explicar estos modelos de interacción y la gestión de los conflictos, cabe hacer alguna aclaración sobre lo que es el espacio público, aquel lugar donde se despliegan estos fenómenos, y la forma que adopta en las complejas sociedades contemporáneas. Siguiendo el enfoque crítico de Henri Lefebvre[1], se sostiene que el espacio público es un espacio social, esto es, un producto social, un resultado de las interacciones y relaciones sociales que se desarrollan en un lugar físico determinado. De esta forma, todo espacio público estará históricamente determinado, de modo que las relaciones sociales dominantes de una época dan forma al espacio, haciéndolo cualitativamente diferente del espacio de otras épocas. Las ciudades del medievo, fundadas sobre las relaciones de dependencia personal dominantes

---

[1] Lefebvre, Henri, *La producción del espacio*, Madrid, Capitán Swing, 2016.

en la época, no pueden ser equiparadas sin más a las ciudades contemporáneas, donde la relación social mediada por la producción de mercancías es la base de sus dinámicas.

En los espacios de la época contemporánea, decisivamente influidos por las dinámicas capitalistas, es donde se dan las relaciones de producción y reproducción de la vida social, esto es, de las mismas relaciones sociales que lo engendran. En ellos, es decisivo también el elemento simbólico, generalmente utilizado para representar las bondades de las relaciones que se entremezclan en el espacio público, pero también aparece como un ámbito de contestación social. Todo ello implica que el espacio público es un conjunto de relaciones que dan forma a un área territorial determinada en un tiempo concreto. Las relaciones sociales contemporáneas, además, son conflictivas, ya que están formadas por intereses económicos opuestos y valores diferentes, de modo que las personas que habitan el espacio pugnan, consciente o inconscientemente, de forma más o menos activa, por transformarlo de acuerdo a sus intereses. El espacio público, entonces, es el lugar donde se materializan (o no) los postulados ideológicos y normativos de una sociedad. Es en el espacio público donde se puede verificar el ejercicio de los derechos y las libertades, donde se expresan las relaciones sociales de una formación social y donde, por ejemplo, se puede determinar el grado democrático de una sociedad. Tal como lo define Manuel Delgado, es el «lugar para la mediación entre sociedad y Estado —lo que equivale a decir entre sociabilidad y ciudadanía—, organizado para que en él puedan cobrar vida los principios democráticos que hacen posible el libre flujo de iniciativas, juicios e ideas»[2].

Siendo el espacio público un producto social e histórico, es pertinente señalar algunas de sus características principales en las sociedades contemporáneas. Estas, aunque continúan formando parte del sistema capitalista mundial, han experimentado transformaciones importantes en su estructura, siendo los cambios acontecidos desde mediados de los años 70 del siglo XX los que más han determinado la forma actual de las sociedades occidentales. En general, el largo declive de la economía capitalista desde los años 60 con una reducción continuada de la tasa media de ganancia, evidenciado por primera vez con la crisis del petróleo de 1973, es el telón de fondo sobre el que se explican las derivas sociales y políticas de las sociedades contemporáneas[3].

Ante el declive, la respuesta generalizada en las sociedades occidentales de las élites dominantes conservadoras fue la apuesta por el neoliberalismo, una nueva forma de gestionar las relaciones sociales que pretendía relanzar la acumulación

---

[2] Delgado, Manuel, *El espacio público como ideología*, Madrid, Catarata, 2011, p. 30.
[3] Brenner, Robert, *La economía de la turbulencia global*, México D.F., Ediciones ERA, 2013.

capitalista sobre la base de eliminar las barreras a los beneficios capitalistas. Este nuevo modelo identificó los problemas del capitalismo mundial con la falta de oferta agregada, lo que suponía un cambio de paradigma con las políticas keynesianas dominantes hasta entonces, centradas en aumentar la demanda agregada. Por tanto, si el keynesianismo trataba de elevar tímidamente el nivel de vida de la mayoría de la población trabajadora (mediante redistribución económica, incrementos de salarios o la disposición de servicios públicos) para asegurar el crecimiento económico, la política neoliberal trató de asegurar el crecimiento económico reduciendo los costes para los empresarios, es decir, buscó reducir salarios reales, emprendió procesos de privatización y disminuyó los impuestos a las grandes rentas.

Este proceso vino acompañado de toda una reestructuración ideológica en la que se dibuja al mercado como el mejor agente para gestionar las relaciones sociales, la obtención de beneficios económicos como el fin máximo de la vida humana y la propiedad privada la única forma de adquirir los bienes y servicios[4]. Para el neoliberalismo solo puede haber propiedad privada, porque, como dijo una de sus mayores exponentes, Margaret Thatcher, «La sociedad no existe, existen individuos y familias». Cualquier proyecto de vida pública o comunitaria queda fuera de esta nueva racionalidad sistémica que domina las sociedades contemporáneas.

Unas de las consecuencias de este cambio político-económico fueron la aceleración del proceso de financiarización de la economía y del despliegue de la globalización, íntimamente relacionadas. La financiarización de la economía ha supuesto que las actividades relacionadas con las finanzas, como las desarrolladas por bancos, fondos de inversión o compañías de seguro, representen una cuota de las actividades económicas totales muy superior al de otros sectores, como el productivo[5]. Este proceso se ha vinculado a la globalización, ya que los mercados financieros operan a nivel mundial y su crecimiento ha acelerado la eliminación de barreras a su actividad. Así, desde finales del siglo XX se asiste a un incremento acelerado de la internacionalización de la economía, representado en instituciones como el Fondo Monetario Internacional (FMI) o el Banco Mundial. La globalización se basa en una estructura científica y tecnológica que permite la comunicación a nivel mundial, aumentando el flujo de información, transporte de mercancías y dinero. Ello es lo que habilita a la circulación de capitales alrededor del planeta, apareciendo en el territorio inversiones de empresas extranjeras, pero también

---

[4]   Harvey, David, *Breve historia del neoliberalismo*, Madrid, Akal, 2007.
[5]   Guzmán, Javier, «Un análisis teórico sobre el proceso de financiarización económica», *Revista GEON: Gestión – Organización – Negocios*, vol. 4, 2017, n.º 2, p. 127.

contribuye a la circulación de la fuerza de trabajo a nivel mundial (con muchas menos facilidades y expectativas de éxito que la del capital)[6].

Estos procesos han tenido su impacto sobre la constitución del espacio público y la interacción que en él se produce. Siguiendo la doctrina dominante del neoliberalismo, el espacio público ha sido dispuesto de acuerdo a la búsqueda de beneficio económico, por lo que ha experimentado procesos de privatización de servicios públicos, de inversión financiera y la administración privada orientada al consumismo[7]. Ejemplos de la privatización son los progresivos recortes en servicios como la educación o la sanidad, al tiempo que se introducen capitales privados en su gestión. En el espacio público ello puede verse por procesos como los llamados «nuevos cercamientos»[8], donde destaca el establecimiento de comunidades cerradas (gated communities), esto es, áreas residenciales de acceso restringido que incluyen espacio público del que las personas no propietarias o no autorizadas son expulsadas, impidiendo su acceso y, por tanto, el uso del espacio público[9].

En cuanto a la inversión financiera, el proceso más destacado que ha afectado a las ciudades contemporáneas es el de la gentrificación, donde los habitantes de una zona de la ciudad son progresivamente desplazados, principalmente, por el encarecimiento de la misma, intensificando la problemática del acceso a la vivienda. Este proceso se vincula a la administración privada orientada al consumismo, ya que crecen los negocios turísticos a la par que los habitantes abandonan esa zona. En cierta forma, la racionalidad neoliberal y, en particular, su gestión del espacio público orientado al beneficio responde a la máxima apuntada por Karl Marx: «La desvalorización del mundo humano crece en razón directa de la valorización del mundo de las cosas»[10].

Ante la evolución de estos procesos, la ciudadanía no se ha mantenido pasiva, sino que han expresado de modo más o menos consciente sus intereses, algunos favorables a los procesos de neoliberalización del espacio público, otros en contra. En el marco de la globalización, además, estos intereses han alcanzado un

---

[6] Castells, Manuel, «Globalización, sociedad y política en la era de la información», *Bitácora Urbano-Territorial,* vol. 4, 2000, n.º 1, p. 46.

[7] Sequera, Jorge, y Janoscha, Michael, «Ciudadanía y espacio público en la era de la globalización neoliberal», *Arbor. Ciencia, pensamiento y cultura,* vol. 188, 2012, n.º 755, p. 517.

[8] Esto se conecta con el proceso de cercamiento de las tierras comunales abiertas durante la transición del feudalismo al capitalismo. Los nuevos cercamientos se refieren a los procesos de privatización del espacio público en la era neoliberal. Castro-Coma, Mauro y Martí-Costa, Marc, «Comunes urbanos: de la gestión colectiva al derecho a la ciudad», *EURE,* vol. 125, 2016, n.º 4, p. 138.

[9] Roitman, Sonia, «Gated communities: definition, causes and consequences», *Urban Design and Planning,* vol. 163, 2010, n.º 1, p. 31.

[10] Marx, Karl, *Manuscritos de economía y filosofía,* Madrid, Alianza Editorial, 2020, p. 134.

grado mayor de complejidad, ya que se han multiplicado las formas de identidad existentes en el espacio público, alcanzando una amplia diversidad social. El principal factor que ha contribuido al aumento de la diversidad social y cultural es el aumento de los procesos migratorios, provocando la interacción de múltiples grupos con orígenes distintos y modos de vida diferenciados. Temática sobre la que se discutirá más adelante.

Esta diversidad, ligada a los efectos del neoliberalismo, ha contribuido a fragmentar el espacio público entre quienes están dentro y asumen (o pueden asumir) sus lógicas (en general, propietarios y clases medias con una capacidad de consumo elevada) y quienes quedan fuera (aquellos sin poder económico y social para enfrentar las dinámicas antes descritas). De esta división surge una reconfiguración del espacio público que discrimina entre ambos grupos, reestructurando la arquitectura urbana para establecer fronteras entre ellos, limitando el espacio público a la circulación y al consumo y perpetuando la existencia de barreras invisibles. Con ello, las personas que quedan fuera del espacio son representadas como «clases peligrosas», lo que justifica todo tipo de intervenciones con tal de asegurar el objetivo de generar beneficio económico[11].

Toda esta escisión del espacio público, así como su individualización, ha llevado a que múltiples autores sentencien que estamos asistiendo al fin del espacio público. El espacio mercantilizado que ha dibujado el neoliberalismo, nos dicen, es incompatible con la noción de espacio público, entendida como lugares de encuentro, socialización y participación social en un marco democrático, esto es, de ejercicio de la ciudadanía[12]. Sin duda, la evolución desde finales del siglo XX no invita al optimismo de quienes plantean modelos de interacción social inclusivos y democráticos, pero los procesos descritos no son unidireccionales ni inevitables y han encontrado importantes resistencias, como explica con detalle David Harvey, al señalar que «lo urbano» es un área de «acción y rebelión política»[13]. «Volver a la polis», como plantean quienes hablan del fin del espacio público y recuperar el ideal político de la democracia ateniense, expurgado de sus características excluyentes (como la negación de los derechos políticos a las mujeres, los extranjeros y los esclavos), no es un mero lamento nostálgico, sino que es algo posible, siempre dependiente de qué forma adopta ese producto social al que llamamos espacio público.

---

[11] Maqueda Abreu, María Luisa, «La criminalización del espacio público. El imparable ascenso de las «clases peligrosas»», *Revista Electrónica de Ciencia Penal y Criminología,* vol. 17, 2015, n.º 12, pp. 19 y ss.

[12] Monreal, Pilar, «Ciudades neoliberales: ¿el fin del espacio público? Una visión desde la antropología urbana», *Quaderns-E,* vol. 21, 2016, n.º 1, p. 102.

[13] Harvey, David, *Ciudades rebeldes: del derecho a la ciudad a la revolución urbana,* Madrid, Akal, 2013, p. 174.

El espacio público, por tanto, es un lugar intrínsecamente político, ya que es donde se manifiesta la relación entre sus habitantes, con sus intereses diferenciados y, en no pocas ocasiones, antagónicos. La reconfiguración neoliberal del espacio público, descrita antes brevemente, es la base para comprender la naturaleza de los conflictos contemporáneos. De esta realidad política es de la que se deriva el conflicto en el espacio público, el cual toma un rol central en la interacción de las personas, pues cada una (a nivel individual, pero, sobre todo, a nivel grupal) trata de ejercer el derecho a la ciudad según sus intereses, aspiraciones, sentimientos y convicciones. Ello, necesariamente, lleva a la aparición de disputas, las cuales pueden experimentar tres fases: la escalada, el estancamiento y la desescalada.

La escalada se caracteriza por una dinámica de acción-reacción, donde cada acción de una de las partes encuentra la respuesta de otra parte de una mayor intensidad en una dialéctica competitiva que busca la victoria sobre las partes rivales. En el estancamiento, las partes del conflicto dejan de aportar nuevas energías a escalarlo, ya sea de manera consciente o inconsciente, pero no se actúa en favor de su resolución. En la desescalada, por su parte, se da un proceso de reducción en la intensidad de las acciones, buscando una solución dialogada al conflicto.

Estas tres fases operan en los conflictos en el espacio público, pero más importante que identificar la fase es identificar la naturaleza del conflicto. Aquí, se pueden distinguir básicamente dos formas de conflicto, aquellos que se producen en igualdad de estatus y aquellos que se vincula desigualdad social. Los primeros tienen una gravedad menor, desde el punto de vista del mantenimiento y promoción de relaciones sociales democráticas, ya que se producen en un plano horizontal y refieren a cuestiones de usos del espacio, por lo que existe un marco adecuado para la negociación entre las partes buscando una solución satisfactoria para todas. Los segundos, en cambio, se vinculan a jerarquías existentes y relaciones de dominación de carácter estructural, por lo que son conflictos de tipo vertical en donde la construcción de un marco de negociación se complica, al existir una situación de desigualdad sistémica que impide un trato entre iguales entre las partes[14]. Estos conflictos tienen un mayor riesgo para el mantenimiento y promoción de relaciones sociales pacíficas en el espacio público, ya que, incluso cuando no se manifiestan, están reproduciendo situaciones de desigualdad social que alimentan el conflicto y la resolución antagónica y violenta del mismo en el futuro.

En las sociedades contemporáneas, una de las fuentes de conflicto en el espacio público es la diversidad o, mejor dicho, la gestión de la diversidad. Esta puede

---

[14] Di Masso Tarditti, Andrés, Berroeta, Héctor y Vidal Moranta, Tomeu, «El espacio público en conflicto: coordenadas conceptuales y tensiones ideológicas», *Athenea Digital,* vol. 17, 2017, n.º 3, pp. 76-77.

ocurrir en un plano de igualdad de estatus, como puede ocurrir en la interacción entre población joven y población anciana, donde las formas de utilizar el espacio pueden colisionar y generar conflictos. No obstante, es también frecuente que la gestión de la diversidad ocurra en un plano de desigualdad social, donde aparecen los conflictos por el uso del espacio de minorías étnicas frente al uso habitual de la mayoría. La forma en que se gestionan estos conflictos se exploran a continuación a través de los diferentes modelos de interacción social.

2. MODELOS DE INTERACCIÓN: CONVIVENCIA, COEXISTENCIA, HOSTILIDAD

Como se ha dicho al comienzo del epígrafe anterior, se pueden distinguir básicamente dos formas de interacción en el espacio público: la convivencia y la no convivencia. La no convivencia, a su vez, se puede dividir entre coexistencia y hostilidad. A continuación, se desarrollarán estos conceptos, pero antes es preciso detenerse en algunos detalles sobre esta tipología elaborada por Carlos Giménez Romero[15]. En primer lugar, esta tipología no recoge situaciones puras de interacción social, sino que consiste en abstracciones teóricas modelizadas para diferenciar formas reales. En la realidad es improbable encontrarse con una situación de pura convivencia, por ejemplo, siendo más común identificar situaciones similares a ellas o que recojan elementos de varias de estas formas de interacción. En segundo lugar, esta tipología entiende que la convivencia, la coexistencia y la hostilidad no son formas de interacción independientes, sino que forman una continuidad, de modo que se puede transitar de una a otra en un mismo espacio público, siendo la convivencia la situación más favorable, la hostilidad la más desfavorable y la coexistencia una intermedia. En tercer lugar, aunque existan los elementos para caracterizar a una forma de interacción como de hostilidad o convivencia, la intensidad de los mismos variará. En cuarto lugar, el criterio a seguir para identificar el modo de interacción que se produce en un espacio público será el de determinar qué tipo de relación es la predominante en un espacio determinado.

Esta tipología ha sido construida a partir de las aportaciones de Johan Galtung sobre violencia y paz[16]. Galtung distinguió entre estos dos conceptos al entender la paz como ausencia de violencia, estableciendo que la violencia es aquella situación en la que las personas se ven privadas de sus derechos humanos fundamentales o

---

[15] Giménez Romero, Carlos, «Convivencia. Conceptualización y sugerencias para la praxis», *Puntos de Vista. Cuadernos del Observatorio de las Migraciones y de la Convivencia Intercultural de la Ciudad de Madrid,* vol. 1, 2005, pp. 12 y ss.

[16] Galtung, Johan, «Violence, Peace, and Peace Research», *Journal of Peace Research,* vol. 6, 1969, n.º 3, pp. 168 y ss.; Galtung, Johan, «La violencia: cultural, estructural y directa», *Cuadernos de Estrategia,* vol. 183, 2016, pp. 150 y ss.

ven reducido su nivel de satisfacción de las necesidades por debajo de lo potencialmente posible. A partir de estas nociones distinguió tipos de violencia y tipos de paz, con el objetivo de obtener una radiografía más completa de ambos fenómenos.

En lo que respecta a la violencia, Galtung señaló tres tipos: la violencia directa, la violencia estructural y la violencia cultural. La violencia directa consiste en las agresiones físicas, psicológicas o verbales, generalmente causando daños visibles y que consiste en un incidente más o menos aislado. La violencia estructural se refiere a las condiciones de dominación social en la que las estructuras sociales, políticas y económicas impiden la realización de las potencialidades de las personas. La violencia cultural son los elementos de la cultura, en sentido amplio (religión, opinión pública, lenguaje, religión, etc.), que legitiman o justifican cualquiera de las otras dos formas de violencia, facilitando su aparición y reproduciéndolas.

En cuanto a la paz, se ha diferenciado la paz positiva de la paz negativa. La paz negativa se refiere a la situación de mera ausencia de violencia directa (sea física, psicológica, verbal, etc.). Este tipo de paz es necesaria, pero insuficiente para alcanzar un estado de paz positiva. En la paz positiva, que además de contar con la ausencia de violencia directa, se trata de una situación en la que las personas disfrutan de las capacidades para ejercer sus derechos y realizar plenamente sus capacidades. Así, esta situación de paz positiva se caracteriza por la ausencia de violencia directa y de violencia estructural, anulando al mismo tiempo la violencia cultural y estableciendo una suerte de «paz cultural», esto es, el conjunto de elementos culturales que legitimen y reproduzcan una paz positiva, una ausencia de violencia directa y estructural. Estas distinciones remiten a una teoría de las necesidades que fundamenten el ejercicio de los derechos humanos, siendo plenos solo en el estadio de la paz positiva[17].

La paz positiva consiste en una conceptualización holística que incluye una situación de justicia generalizada, con relaciones intergrupales cooperativas y los derechos humanos son vigentes y efectivos. De esta forma, la paz positiva funciona también como un ideal exigente en el que deben producirse, simultáneamente, otros ideales sociopolíticos como los de justicia, libertad e igualdad[18].

Con estos elementos, la situación de convivencia es equiparable a una de paz positiva, la de coexistencia a una de paz negativa y la de hostilidad a una situación de violencia. El criterio de la paz y la violencia es el que permite distinguir, en primera instancia, los tres modelos de interacción aquí apuntados, pero es necesario incorporar más elementos para una mejor comprensión de estos fenómenos.

---

[17] Rivera Beiras, Iñaki, «Hacia una criminología crítica global», *Athenea Digital. Revista de Pensamiento e Investigación Social*, vol. 16, 2016, n.º 1, pp. 35 y ss.

[18] Harto de Vera, Fernando, «La construcción del concepto de paz. Paz negativa, paz positiva y paz imperfecta», *Cuadernos de Estrategia*, vol. 183, 2016, p. 130.

Otros elementos a tener en cuenta para elaborar una definición de las situaciones de convivencia, coexistencia y hostilidad que plantea Giménez Romero[19] son: la existencia o no de interacción entre individuos, las normas compartidas y la adecuación a las mismas, la existencia o no de unos valores compartidos y su reconocimiento y respeto, la existencia o no de identidades compartidas y el respeto por las identidades no compartidas, el grado de participación en la vida social y comunitaria, la existencia y forma de la comunicación y la forma de gestionar los conflictos, si la hubiese.

Así, comenzando por la convivencia, se trata de un modelo de interacción en el que las personas se relacionan de forma activa, no limitándose a compartir el territorio, sino que existen unos valores compartidos que son asumidos y respetados, dentro de un marco de normas que son compartidas y a las que los individuos se adecuan. La convivencia es un modelo de interacción que no está exento de conflictos ni de intereses divergentes entre los individuos, teniendo como forma de abordarlos métodos pacíficos, preventivos y conocidos. Así, la diversidad cultural es un rasgo que puede estar presente en las sociedades de convivencia, existiendo múltiples identidades, pero estas son respetadas y asumidas dentro de un sentido de pertenencia colectivo mayor, referido a la sociedad creada. Este modelo es equiparable a la paz positiva, en el sentido descrito por Galtung.

La coexistencia, por su parte, se caracteriza por ser un modelo de interacción con una ausencia de relación activa, limitada a compartir el territorio. Se da una situación de respeto pasivo por los otros, entendiendo que forman parte de una identidad sociocultural diferente, algo que se respeta siempre que no produzca un perjuicio para el grupo propio. A pesar de que las relaciones son escasas y no existen valores ni identidades compartidas por los habitantes, sí existe un respeto a las normas básicas, aunque en ocasiones no se compartan. En general, este modelo de interacción se basa en una comunicación reducida a los grupos socioculturales diferenciados, evitando los grandes conflictos. Los conflictos, entonces, son evitados. No es que no se produzcan conflictos, sino que permanecen latentes en la sociedad, sin llegar a manifestarse y, por tanto, sin ofrecer formas de gestionarlo que mejoren la interacción. Aunque se aleja de la situación ideal de convivencia, la coexistencia debe valorarse positivamente por la tolerancia y respeto entre los distintos grupos sociales, lo que puede servir de una base más firme para construir relaciones cualitativamente superiores. Aquí se estaría ante una situación de paz negativa, con ausencia de violencia directa, pero no estructural.

La hostilidad, en cambio, es un modelo de interacción en el que, existiendo una relación entre los habitantes, esta es negativa, dominada por la tensión, la

---

[19] Giménez Romero, *op. cit.*, p. 14.

competencia y la desconfianza entre grupos sociales. El conflicto, si no es todavía manifiesto, está en un proceso de escalada en que la mayoría de habitantes es consciente de los problemas latentes que se arrastran como comunidad. Aquí, los episodios de violencia (en la forma de violencia directa descrita por Galtung) son frecuentes. El mero hecho de que los sujetos objeto de la hostilidad de un grupo participen de la vida social es interpretado como una amenaza, lo que provoca enfrentamientos constantes en diferentes niveles de intensidad. Los conflictos, de esta forma, no son gestionados mediante una forma previamente acordada y pacífica, sino que, o bien se van acumulando por no ser afrontados, o bien son abordados mediante la competencia en una lógica de derrotar al grupo o grupos identificados como adversarios. Este modelo de interacción, entonces, no es pacífico, sino que debe ser identificado con una situación de violencia.

Estos tres modelos de interacción, como se ha dicho, representan una continuidad, de modo que la transición de uno a otro es algo posible. Las razones de dicha transición pueden encontrarse en factores internos a la sociedad en cuestión y/o a factores externos. Generalmente, ambos conjuntos de factores están actuando simultáneamente, con lo que las explicaciones de la transición deben ser multicausales.

Algunos factores internos destacables que pueden provocar la transición de uno a otro modelo de interacción son las variaciones del peso demográfico de diferentes grupos en el espacio público (por ejemplo, un aumento de la población joven que la hace mayoritaria con respecto a la población de la tercera edad), los cambios en la correlación de fuerzas de los diferentes grupos o la evolución del conflicto (ya sea una escalada o una desescalada) por la sucesión de incidentes entre los grupos involucrados.

Respecto a los factores externos, existe una variedad mayor de ellos, pero algunos de los más destacables son los cambios en el poder político de la sociedad (por ejemplo, un cambio de gobierno estatal que dé prioridad a las personas nativas por encima de las de origen extranjero), la implementación de nueva legislación o la aparición y evolución de conflictos a gran escala que involucren diferentes grupos sociales (guerras, atentados, revueltas, etc.).

Giménez Romero[20] explica también los procesos de transformación que pueden sucederse entre estos modelos de interacción. Tratándose de una continuidad, lo normal es que la evolución no sea de uno a otro extremo de la misma, sino que evolucione gradualmente, pasando de la convivencia a la coexistencia y de la coexistencia a la hostilidad, por ejemplo. Aunque puede transitarse directamente de la convivencia a la hostilidad o al revés, son procesos excepcionales, pues las bases que constituyen estos tipos de interacción son antagónicas. En general, para

---

[20] Giménez Romero, *op. cit.*, p. 19.

transformar tan radicalmente las condiciones de una sociedad es necesario que ocurran incidentes muy destacables, siendo especialmente complicada la transformación de la hostilidad en convivencia. Por ello, lo normal es que la coexistencia medie en estos procesos de cambio en la forma de interacción.

En la primera forma de transición, de la convivencia a la coexistencia, los factores que pueden determinar el cambio son la desaparición de acciones de promoción de la convivencia (como formación o sensibilización), o la corporativización de los distintos grupos sociales, de modo que comienzan a aislarse entre sí, reduciendo la comunicación intergrupal. Estos sucesos, que constituyen factores internos, pueden estar relacionados con factores externos como la ineficacia de las políticas de inclusión social[21]. Otro factor a mencionar es la forma de gestión de conflictos, que si cesa de ser útil para la población puede generar o agravar conflictos, aumentando la distancia entre los grupos sociales.

Una segunda forma de transición es la que pasa de la coexistencia a la hostilidad. Aquí, la situación de respeto y no agresión entre individuos y grupos que existía, desaparece, siendo la intolerancia y la violencia (manifiesta o latente) parte integrante de la nueva forma de interacción. Una razón que puede explicar la transición hacia la hostilidad es que, ante la ausencia de gestión de conflictos, estos se hayan larvado lo suficiente como para constituir un verdadero problema de enfrentamiento en la sociedad. También se puede explicar el paso a la hostilidad por el crecimiento y triunfo de grupos sociales partidarios del enfrentamiento.

La tercera forma de transición que se puede considerar es la que va de la hostilidad a la coexistencia. Para que esto pueda suceder, la primera condición es que la violencia que domina la interacción social se detenga. El conflicto debe ser experimentar una desescalada, pero una en la que los individuos y grupos involucrados la ejerzan consciente y voluntariamente. Una imposición forzada del fin de la violencia no cambia la relación de hostilidad, sino que modifica su forma de presentarse. De todas formas, la participación de terceros que contribuyan a finalizar los actos de violencia no es excluyente con que sean los propios involucrados quien protagonicen el proceso de pacificación. Las actitudes de desconfianza, rechazo y agresividad se van abandonando hasta alcanzar, al menos, una tolerancia pasiva.

La última posible transición que puede producirse entre modelos de interacción es la que pasa de la mera coexistencia a una situación de convivencia entre

---

[21] Aquí debe distinguirse integración social de inclusión social. La integración es una situación en la que las personas están dentro de una organización o grupo, pero sin relacionarse como iguales, por lo que existe relativo aislamiento. La inclusión, en cambio, refiere a la situación en que las personas están dentro de una organización o grupo y se relacionan todas en pie de igualdad. Aunque la integración es un momento necesario para la inclusión, es insuficiente. La integración sería una forma propia de la coexistencia, mientras que la inclusión aparece de una forma clara como un modelo de convivencia.

las personas de la sociedad en cuestión. Para que se llegue a la situación ideal de convivencia, los individuos y grupos que habitan el territorio deben aumentar su frecuencia de interacción, a la vez que esta se realiza de una forma positiva, desarrollando una conciencia compartida que contribuya a la formación de una identidad de grupo que supere, pero no anule, las diferencias socioculturales existentes y quede enmarcada en el paradigma de la interculturalidad. Este proceso de transición parte del reconocimiento de que hay personas con intereses y valores divergentes, habiendo una voluntad por estrechar lazos y de llegar a acuerdos que faciliten la vida en común (como estableciendo procedimientos para gestionar los posibles conflictos o planificando conjuntamente aspectos de la vida social en el territorio). Esta voluntad, a su vez, debe orientarse al establecimiento de una auténtica comunidad intercultural y diversa, lo que implica el desarrollo de una conciencia compartida por sus miembros, lo cual ayuda, al mismo tiempo, al mantenimiento de una paz positiva.

Como se ha venido apuntando, el ideal al que aspiran aquellas sociedades que pretenden establecerse como democracias socialmente avanzadas es a establecer situaciones de convivencia entre sus habitantes. Para ello, como también se ha ido señalando, es fundamental la disposición y participación de las propias personas habitantes, pues un intento de apaciguamiento de los conflictos por un poder externo no contribuye a que se establezca la relación positiva entre individuos y grupos necesaria para convivir en un marco de paz positiva.

Solo mediante una participación ciudadana activa puede lograrse el ideal de ciudadanía, de modo que las personas puedan ser soberanas de sí mismas. La participación ciudadana activa implica la deliberación y decisión de la comunidad sobre aquellos aspectos que les afectan en su vida social. La participación activa de la ciudadanía, además de aumentar la legitimidad de las instituciones democráticas, contribuye positivamente al ejercicio de la libertad y a la promoción del desarrollo personal. Esta participación, claro, debe estar distribuida igualmente por los distintos grupos sociales, de lo contrario no se aproxima al ideal de convivencia descrito. Aunque quizá no sea una condición suficiente, sin duda es necesario elevar los niveles de participación de la población en la deliberación, elaboración, aprobación y ejecución de políticas, tal como sugiere MacPherson, pues ello, además de ser más equitativo, es una forma de contribuir activamente a la igualdad social y al empoderamiento de los grupos en situación de vulnerabilidad[22].

La participación activa por la que se apuesta debe ser en democracia, pues bien puede darse una participación no democrática, como evidencia la historia del repu-

---

[22] Macpherson, Crawford Brough, *La democracia liberal y su época*, Madrid, Alianza Editorial, 1997, pp. 114 y ss.

blicanismo oligárquico[23]. Siendo en democracia, en cambio, tiene la potencialidad, además de orientarse hacia la convivencia, de reducir las desigualdades sociales. Los grupos sociales con menos poder social lo aumentan progresivamente en el propio proceso participativo, lo que lleva a que eliminar su situación de discriminación social, política y/o económica sea una posibilidad real.

Un ámbito en el que se puede ver la utilidad de la participación activa de la población para el empoderamiento de los grupos sociales y el establecimiento de un modo de interacción de convivencia es en la gestión de conflictos. Los conflictos, se ha afirmado, son inherentes a la interacción social de las personas en el espacio público. De hecho, el espacio público es resultado de la interacción conflictiva de sus miembros. Por ello, una de las claves de la convivencia es que se dé una gestión pacífica de los conflictos de la que participen directamente los involucrados, volviéndose así corresponsables en el mantenimiento de la convivencia de la comunidad. A continuación, se pasa a desarrollar qué forma de gestionar los conflictos caracteriza a una sociedad en la que la convivencia es la interacción dominante.

3. GESTIÓN ALTERNATIVA DE CONFLICTOS

El modo de afrontar los retos y conflictos en la sociedad, como se ha visto, varía sustancialmente en función del modelo dominante de interacción social. Las relaciones de convivencia tendrían en la gestión pacífica y positiva de los conflictos su forma propicia, situándose, pues, dentro del amplio paraguas de la gestión alternativa de conflictos. Partiendo de la constatación de que los conflictos son inherentes a la interacción social en el espacio público, lo diferencial es el establecimiento de mecanismos para su gestión y resolución.

La gestión alternativa de conflictos, como se describirá, se preocupa por las causas de los mismos, que suelen ser múltiples, así como de la capacidad transformativa de la gestión de una problemática en sí. Algunos factores que suelen explicar la aparición y escalada de conflictos son la diferente percepción de las personas ante un mismo hecho, la comunicación imperfecta que tergiversa los mensajes, la recepción de información incompleta, la desproporción entre necesidades y su satisfacción (desigualdad social), las diferencias de carácter y valores o las presiones que provocan frustración por la incapacidad de cumplir compromisos adquiridos[24].

La gestión alternativa de conflictos tiene como objetivo conocer las fuentes que permiten entender por qué se da una divergencia de intereses entre, al

---

[23] Cueva Fernández, Ricardo, «Republicanismo y autogobierno», *Revista de Estudios Políticos,* vol. 154, 2011, p. 51, 57.

[24] Fuquen Alvarado, María Elina, «Los conflictos y las formas alternativas de resolución», *Tabula Rasa,* vol. 1, 2003, pp. 268-269.

menos, dos partes, por lo que debe prestar atención a los factores mencionados. Este conocimiento es fundamental, pues una intervención que pretenda evitar la escalada, reproducción y reaparición de los conflictos debe ser capaz de actuar sobre las causas del mismo y no solo sobre sus consecuencias manifiestas. Igualmente, la gestión alternativa de conflictos entiende que los conflictos no son necesariamente negativos, sino que, gestionados de una forma positiva y pacífica pueden contribuir al desarrollo de la comunidad, siendo una oportunidad para mejorar las relaciones establecidas entre los habitantes de un territorio. Para que el conflicto tenga un carácter transformador en un sentido progresista, la participación de la ciudadanía en su gestión y solución es fundamental, por lo que la gestión alternativa de conflictos incorpora la voz y opinión de la ciudadanía, promoviendo espacios de diálogo y negociación, reconociendo que las personas que la implementan no son los protagonistas en la solución, sino unos facilitadores del proceso. La gestión alternativa de conflictos es una metodología claramente preventiva, pues entiende que no se puede limitar la intervención a actuar cuando ya han pasado los problemas, sino que hay que anticiparse a los problemas y evitar su crecimiento o escalada[25].

La gestión alternativa de conflictos, igualmente, forma parte de ese proceso participativo descrito. Concretamente, la gobernanza colaborativa tiene como una de sus condiciones el facilitar la gestión de los conflictos de una forma pacífica, por lo que es un concepto relacionado con esta modalidad de gestión e intervención. La gobernanza colaborativa consiste en un proceso colectivo que pone en relación y colaboración a dos o más agentes para enfrentar algún reto o problema público[26]. La gestión alternativa de conflictos, enmarcada en este concepto, parte entonces de que los conflictos deben hacerse frente o, de lo contrario, solo se aspiraría a una interacción de coexistencia, sin abordar las disputas que surgen necesariamente de compartir el espacio público, y además deben ser abordados de forma colaborativa, lo que incluye necesariamente a los implicados como actores principales, pero no niega la participación de otros agentes en una función de facilitación.

Así, algunas de las técnicas que promueve la gestión alternativa de conflictos son la negociación y la mediación. Ambas se caracterizan por la voluntariedad y la disposición de las partes en conflicto a tratar de resolverlo de una forma no adversarial, esto es, sin competir por «ganar» a la otra parte. Las formas de gestionar los conflictos pueden ser autocompositivas o heterocompositivas, en función del protagonismo de las partes en la participación y decisión sobre el conflicto. La

---

[25] Camps, Ferran, «Participación comunitaria y gestión alternativa de conflictos», *Cuadernos de Trabajo Social*, vol. 13, 2000, p. 241.
[26] Arrona Etxaniz, Ainhoa, y Larrea Aranguren, Miren, «Marcos para la construcción de una gobernanza colaborativa», *Orkestra. Instituto Vasco de Competitividad*, 2022.

forma autocompositiva se caracteriza porque las partes del conflicto asumen la responsabilidad de llegar a acuerdos mediante los que se construyan soluciones que las satisfagan por igual. La forma contraria sería heterocompositiva, esto es, las partes del conflicto no buscan sus propias formas de solucionarlo, sino que se ajustan a un procedimiento establecido garantizado por una autoridad legítima que tiene la capacidad última de decidir (por ejemplo, en los casos de arbitraje o decisión judicial). En el caso de la gestión alternativa de conflictos, la forma a seguir es autocompositiva, pues el protagonismo en todo el proceso recae sobre las partes, como se da en la mediación y en la negociación.

Otro elemento que debe mencionarse en las distintas formas de gestionar los conflictos es el estilo de negociación que se establece entre las partes; es decir, como se posicionen las partes confrontadas frente al otro. Existen cinco: el estilo comprometido, en el que se trata de evitar que ninguna parte gane y mantener el statu quo; el estilo competitivo, en el que cada parte intenta ganar a la otra; el estilo complaciente, en el que una parte cede ante la otra; el estilo evitador, las dos partes pierden con el objetivo de que la otra gane algo; y el estilo colaborativo, donde ambas partes colaboran para obtener aquello que desean en la medida de lo posible. Naturalmente, de la forma autocompositiva de la gestión alternativa de conflictos se deriva un estilo de negociación colaborativo, teniendo siempre como fundamento la implicación y participación de las partes.

La mediación y la negociación, que mantienen estas premisas de la gestión alternativa de conflictos, deben distinguirse entre sí. La clave que separa ambas técnicas de gestión alternativa de conflictos es la presencia o ausencia de un tercero neutral en el proceso. En el caso de la negociación, las partes se encargan por sí mismas de intentar resolver el conflicto buscando un resultado aceptable para ellas. En la medicación, en cambio, existe una tercera parte neutral que forma parte de la misma sociedad en que ocurre el conflicto que colabora en su resolución y trata de prevenir el desarrollo de nuevos enfrentamientos, manteniendo en todo el proceso una posición neutral e imparcial y únicamente facilitando el espacio de diálogo entre las partes. La tercera parte de la mediación es de especial utilidad en los casos en los que la comunicación entre las partes en conflicto se ha roto o no existía, favoreciendo su restauración. Esta tercera parte nunca debe posicionarse ni tratar de decidir sobre el conflicto, sino que debe limitarse a facilitar la propia resolución por las partes, respetando la autocomposición.

Esta exposición de la gestión alternativa de conflictos debe compararse con las formas dominantes de gestión de conflictos en la actualidad. Debe decirse, primero, que la gestión alternativa de conflictos se ve limitada cuando debe hacer frente a conflictos producidos por la desigualdad social, donde existe una jerarquía entre las partes y una diferencia sistémica de poder social. Con todo, es una estrategia empoderante para las partes, pero debe acompañarse de medidas efectivas que reduzcan la desigualdad social, pues, de lo contrario, no lograría crear una interacción social de convivencia en la sociedad. Estos factores explicitan la mixtificación ideológica de mezclar, acríticamente, factores de desigualdad personales y sociales, para que los ciudadanos subalternos crean que su realidad es fruto individual de sus carencias y no habilidades.

La evolución de las sociedades occidentales desde finales del siglo XX, en cambio, van en otra dirección de esa posible estrategia empoderante apuntada. La deriva neoliberal ha tenido efectos de gran calado sobre la desigualdad social, aumentándola profundamente. Por ejemplo, el índice de Gini en España ha aumentado del 31,8% en 2003 al 34,9% en 2020, alcanzando sus valores más elevados en 2015 (36,2%), lo que muestra el aumento de la desigualdad. Estados Unidos, por su parte, pasa de un índice de Gini del 35,3% en 1979 a uno del 41,5% en 2019[27]. Otro dato que ilustra la desigualdad mundial es el de la distancia entre el salario medio y el salario máximo en las empresas. En España los consejeros de las grandes empresas ganan 150 veces más que el salario medio (que no el mínimo) de la empresa, mientras que, en Estados Unidos, el dato es más pronunciado: los consejeros ganan 300 veces más que el salario medio de la empresa[28].

Asimismo, y como se ha señalado, el neoliberalismo ha impuesto una nueva racionalidad sistémica en donde los valores de la competencia, la búsqueda de beneficio constante, el individualismo extremo y el rechazo a los ideales grupales y comunitarios son hegemónicos, lo que contribuye a dificultar el ideal de convivencia como modo de interacción social y la gestión alternativa de conflictos como forma de enfrentar los retos y problemas de la vida social.

Es más, la era neoliberal ha visto cómo se desplegaba una forma de resolución de los conflictos completamente distinta a la que el ideal de convivencia demanda. Loïc Wacquant[29] ha argumentado que la reconfiguración de las relaciones sociales que efectúa el neoliberalismo se expresa, en buena medida, por una nueva forma de equilibrar el recurso a las políticas sociales y a las políticas penales.

En la época de expansión económica de posguerra mediante políticas keynesianas, las políticas sociales eran una herramienta muy utilizada por los gobiernos para hacer frente al descontento social y tratar de integrar (seguramente no pueda hablarse de inclusión) a amplias capas de la sociedad en el funcionamiento del sistema. Al mismo tiempo, las políticas penales existían y su uso no era desdeñable, pero la proporción de personas encarceladas (que puede funcionar como un

---

[27] Banco Mundial, «Índice de Gini», *Banco Mundial*, consultado el 10 de junio de 2023.

[28] Rendueles, César, *Contra la igualdad de oportunidades. Un panfleto igualitarista*, Barcelona, Seix Barral, 2020, p. 108.

[29] Wacquant, Loïc, «Forjando el Estado Neoliberal: Workfare, prisonfare e inseguridad social», *Protohistoria: historia, políticas de la historia*, vol. 16, 2011, p. 11.

indicador bastante adecuado del recurso a políticas penales) se mantenía estable. Estados Unidos es el ejemplo paradigmático de esta evolución.

Esta tendencia se quiebra con el abandono de las políticas keynesianas y la apuesta por medidas neoliberales. Desde los años 70, la proporción de población reclusa se dispara, a la vez que los recortes hacen que las políticas sociales lleguen a menos gente. La gestión del descontento abandona el precepto de la integración y se dirige hacia el castigo. Si, tímidamente, las políticas que precedían al neoliberalismo pretendían prevenir las manifestaciones del descontento social, desde el inicio de esta nueva forma de acumulación y gestión capitalista se pasa a una política profundamente reactiva. La actuación sobre las causas que generan el descontento y que pueden derivar en problemas de seguridad y crisis políticas es abandonada. El neoliberalismo recurre al castigo y al punitivismo como forma de gestionar estos retos sociales, por lo que se «reduce» a un ataque a quienes protestan contra ellas o quienes recurren a comportamientos desviados por sufrirlas.

El marco punitivo inaugurado en Estados Unidos dio lugar a teorías de política criminal como la «Tolerancia cero» y las «Ventanas rotas», con especial acogida en Nueva York a mediados de los 90 con la alcaldía de Rudolph Giuliani y su jefe de la policía William Bratton. La Tolerancia cero se fundamenta en la disminución de la tolerancia hacia los delitos y las desviaciones sociales; el uso de medidas punitivas drásticas; el objetivo de volver a un supuesto pasado de respetabilidad, orden y civismo; y la casi total identificación entre incivismo y delito, entendiendo al primero como una antesala del segundo[30]. Esta teoría tiene como elemento destacado la de las *Ventanas rotas* de Kelling y Wilson[31], que sostenía que, si en una sociedad no se intervenía sobre los disturbios y pequeños delitos, pronto se transformaría en una sociedad en la que los delitos graves y la fragmentación social están a la orden del día. Por ello, la propuesta de estos autores era la intervención constante y fuertemente represiva de la policía para evitar que aumentase la delincuencia.

Un ejemplo de estos marcos de actuación es la famosa ley de los «Three Strikes and You're Out»[32] desplegada en diversos Estados estadounidenses a partir de los años 90. Estas leyes consistían en que aquellas personas que hubiesen cometido un delito grave o violento (o, mejor dicho, aquellas personas que hubiesen sido condenadas por ello) y cometiesen un segundo delito, serían condenadas al

---

[30] Zysman Quirós, Diego, «La crisis del welfare y sus repercusiones en la cultura política anglosajona», en Iñaki Rivera Beiras (coord.), *Política criminal y sistema penal: viejas y nuevas racionalidades punitivas*, Barcelona, Anthropos, 2005, pp. 273 y ss.

[31] Kelling, George Lee y Wilson, James Quinn, «Broken Windows. The police and neighborhood safety», *The Atlantic*, 1982.

[32] El nombre consiste en una metáfora con una de las acciones del béisbol. Traducido significa «tres faltas y estás fuera».

doble de pena. En caso de cometer un tercer delito, si dos de ellos eran graves o violentos, se enfrentarían a cadena perpetua, con un cumplimiento efectivo de, mínimo, 25 años de prisión. El objetivo de la ley era reducir el crimen mediante la prevención general negativa, esto es, mediante la intimidación con penas duras como consecuencia de delinquir. Sin embargo, juzgada por sus efectos, fue un completo fracaso, ya que no solo no redujo los crímenes, sino que aumentaron de forma considerable los delitos violentos. Además, estas leyes acabaron aplicándose a personas por delitos no violentos. Igualmente, los reclusos condenados por esta ley, al no tener el incentivo del buen comportamiento, causaban más disturbios en la prisión. Por último, la aplicación de esta ley aumentó el gasto público en prisiones de forma exponencial como consecuencia del gran aumento de población reclusa, precisamente en un momento en el que se recortaban políticas sociales asistencialistas y políticas redistributivas[33].

Esta gestión reactiva y punitiva del conflicto social ha sido y sigue siendo la herramienta más utilizada en la era neoliberal[34]. En España, si bien diferentes leyes iban encaminando la gestión del descontento y los conflictos en esa dirección, la mejor representante de una gestión neoliberal es la conocida como Ley Mordaza (Ley Orgánica 4/2015). Esta polémica ley, entre otras cuestiones, dota de alta discrecionalidad a los agentes de las Fuerzas y Cuerpos de Seguridad del Estado en sus intervenciones. Asimismo, encaja con la cultura reactiva que ha dominado en la legislación española en lo relativo a la gestión de los conflictos sociales y el descontento.

Estas políticas, derivadas de su carácter altamente punitivo y su enfoque reactivo, no han contribuido a establecer un modo de interacción de convivencia entre los habitantes del territorio o, al menos, que se encaminase a él. De hecho, en un contexto de aumento de las desigualdades, las formas de gestionar los conflictos se han caracterizado por castigar a quienes la cuestionasen y a sus víctimas. Para la promoción de la convivencia, este modo de hacer políticas públicas debe abandonarse por uno que ponga el acento en la prevención y habilite y estimule la participación de todos los sectores sociales en el espacio público.

---

[33] Scheunemann de Souza, Daniel, «La doctrina de los 'Three Strikes and You're out' y el principio de proporcionalidad en el constitucionalismo y jurisprudencia estadounidenses», *Derecho & Sociedad*, vol. 31, 2008, p.247.

[34] Para un análisis sobre el fenómeno del populismo punitivo en España, véase Antón-Mellón, Joan y Antón Carbonell, Elisenda, «Populismo punitivo, opinión pública y leyes penales en España (1995-2016)», *Revista Internacional de Pensamiento Político*, vol. 12, 2017.

III

ESPACIO PÚBLICO Y DIVERSIDAD CULTURAL

Al discutir sobre las transformaciones experimentadas por las sociedades desde finales del siglo XX, uno de los elementos que se señalaban era el aumento de la diversidad social y cultural por la mayor frecuencia de los movimientos migratorios que se habían propiciado con la globalización. Así, de la misma manera que la humanidad experimentó un cambio de época con la transición hacia la sociedad industrial, en el siglo XXI se está consolidando el paso hacia un modelo de sociedad global. Como todo cambio de época, este se caracteriza por la incertidumbre y el miedo, pues afecta a las formas de vida de millones de personas. Como dice Marina Garcés[35], vivimos precipitándonos en el tiempo de la inminencia, donde todo puede cambiar radicalmente o puede acabarse definitivamente. Mientras estas formas de la sociedad postmoderna y pre-catastrofista se esparcen, el mundo global y el mundo local hacen frente a las consecuencias de esta nueva sociedad recurriendo a planificaciones de ingeniería social[36]. Poco a poco se ve cómo la fragmentación institucional aumenta y el Estado se reconfigura, compartiendo espacio hacia arriba (con instituciones supraestatales), hacia abajo (con procesos de descentralización) y hacia los lados (con el aumento de las colaboraciones público-privadas, la gestión privada de servicios públicos y con la presencia creciente de organizaciones sin ánimo de lucro en el espacio público)[37].

Con rigor se podría hablar de que las sociedades contemporáneas están en crisis, en el sentido original del término, como proceso de cambio y separación ante el que deben tomarse decisiones. De hecho, en un mundo en que el poder

---

[35] Garcés, Marina, *Nueva ilustración radical,* Barcelona, Anagrama, 2017.

[36] Zapata, Ricard, *Intercultural citizenship in post-multicultural era,* Londres, Sage Publishing, 2019.

[37] Subirats, Joan, «Los grandes procesos de cambio y transformación social. Algunos elementos de análisis», *Cambio social y cooperación en el siglo XXI,* 2010, p.10.

económico de los mercados se ha globalizado y han proliferado las instituciones supraestatales, es en el territorio y con los poderes locales desde donde se gestionan en primer lugar los efectos de la mundialización capitalista. Estos cambios han modificado los retos y las agendas de los poderes políticos, haciéndose inevitable el tenerlos en cuenta, lo que ha apuntado también a transformaciones en la forma de gestionar las sociedades. Los movimientos de población se han vuelto uno de esos fenómenos frecuentes del mundo globalizado e hiperconectado, pero la diversidad sigue siendo concebida y tratada como una anomalía social por gran parte de los gestores políticos.

De hecho, la Organización Internacional para las Migraciones (OIM) de Naciones Unidas han registrado en 2020 un nuevo máximo del número de migrantes internacionales, superando los 280 millones de personas en el mundo[38]. Esto viene a representar el 3,6% de la población mundial, mientras que en el 1980 eran el 2,3% y en el 2000 el 2,8%, lo que da muestra de la tendencia al alza. El 52% de estos migrantes son varones, lo que implica su sobrerrepresentación en este fenómeno. Además, el continente que más inmigrantes recibe es Europa, con 87 millones de migrantes, seguida de Asia, con 86 millones. Respecto a los países de destino, el que más inmigrantes recibe es Estados Unidos, mientras que respecto a los países emisores, del que más personas emigran es la India. Aunque Europa no lidera ninguno de estos rankings, sí aparecen múltiples países entre los que más inmigración reciben (Alemania, Reino Unido, Francia, España, etc.), pero no así entre los que más emigrantes tienen (en números mucho menores, Reino Unido y Alemania lideran la lista de países europeos con más emigración)[39].

Habiendo visto los datos sobre migración, debe señalarse que una de las principales preocupaciones de la clase política y de la opinión pública de muchos países de Europa es la inmigración procedente del exterior de la Unión Europea. Concretamente, esta preocupación es mayor en los países receptores de grandes porcentajes de inmigración, como podrían ser Alemania, Francia o Reino Unido desde la segunda mitad del siglo XX, cuando empiezan a tener cuotas destacables de población extranjera, o países como Italia, España y Portugal, que empiezan a experimentar este fenómeno a finales del siglo XX y principios del siglo XXI. Ambos conjuntos de países han gestionado de forma diferente la inmigración, muy influidos por las décadas de diferencia en la evolución del fenómeno.

Si se atiende al caso español, se puede observar cómo la historia contemporánea dibuja un Estado que en un breve espacio de tiempo pasa de ser un país emisor de inmigración a ser un país receptor de inmigración. Concretamente,

---

[38] OIM, *Informe sobre las migraciones en el mundo*, Ginebra, OIM, 2022, p. 23.
[39] OIM, *op. cit.*, pp. 24 y ss.

el crecimiento económico, el progreso social y la entrada de España en la Unión Europa en 1986 provocó que la Península Ibérica fuese interpretada como un destino atractivo para cientos de miles de personas extranjeras en busca de un futuro mejor. Estas personas, mayoritariamente, venían de atravesar las fronteras marítimas con el continente africano y de cruzar el Océano Atlántico desde América Latina, donde los lazos históricos, económicos y culturales (a destacar especialmente la variable lingüística) jugaron un papel clave. De hecho, con este proceso España se ha convertido en uno de los países europeos con las cotas más elevadas de inmigración internacional, algo que ha ocurrido de forma acelerada en aproximadamente un decenio. Esto ha sido acompañado por importantes transformaciones sociales, lo que ha conllevado la aparición de retos a la hora de gestionar la interacción social entre distintos grupos culturales, garantizar los derechos sociales y la inclusión social de la diversidad. Joan Subirats[40] considera, de forma bastante razonable, que la inmigración ha sido el principal factor de cambio social experimentado por España desde el fin del siglo XX.

La inmigración, como fenómeno social, está simbólicamente construida y suele comportar una percepción subjetiva distorsionada de la misma. Ello implica que, en el imaginario colectivo, existan representaciones, ideas y conceptos que repercuten en la forma de entender la inmigración, condicionando las formas en que interaccionan las personas nativas con las extranjeras. Algunas de las inquietudes que expresa la población sobre este tema se relacionan con el efecto que puede tener la inmigración sobre la seguridad ciudadana, el mercado de trabajo, la educación pública y el uso de los servicios públicos. Estas inquietudes pueden derivar en miedos y prejuicios hacia la población inmigrante, lo que suele terminar por traducirse en posiciones xenófobas y discursos de odio que se difunden especialmente en tiempos de crisis socioeconómica por parte de organizaciones políticas de derecha radical y/o ultraderecha neofascista.

Este contexto de aumento de los movimientos migratorios ha dado como resultado que la mayoría de sociedades occidentales contemporáneas se han transformado en sociedades pluriétnicas y pluriculturales. La inmigración ha sido un motor de desarrollo de estas sociedades, las cuales han dejado de ser, si es que alguna vez lo fueron plenamente, sociedades culturalmente homogéneas. Este escenario plantea un verdadero reto para la construcción de identidades individuales y colectivas, interviniendo múltiples factores en la determinación de las mismas.

La construcción identitaria es el resultado de un proceso en que el sujeto lleva a cabo una selección de una serie de elementos, desechando otros, y mediante la que se genera un principio de ordenación e interpretación de las

---

[40] Subirats, *op. cit.*

relaciones con uno mismo y con los demás en procesos de configuración identitarias comunitarias. Este resultado nunca es definitivo, ya que siempre tiene un carácter dinámico y provisional, sujeto a transformaciones en concordancia con las interacciones sociales que se produzcan. Para que se cree una identidad, entonces, influyen los contextos sociales, políticos y económicos, pues determinan el proceso de construcción, configurando «maletas identitarias» que consisten en el conjunto cultural de partida desde el que empiezan a producirse las relaciones sociales[41].

La construcción de una identidad compartida se revela como una de las tareas principales de los seres humanos que comparten un mismo espacio, donde juegan un papel clave los valores, interpretaciones del mundo y normas compartidas. Para lograr sociedades democráticamente avanzadas es importante la construcción de esta identidad compartida y consensos sociales dentro de un respeto al otro, de forma que el colectivo admita la diversidad social y cultural[42]. Evidentemente, los procesos de construcción de la identidad son procesos históricamente determinados, pudiéndose señalar que en la primera modernidad (entre los siglos XV y XVIII), los pilares sobre los que se apoya la identidad responden a elementos sólidos y poco variables como el trabajo, la familia o la religión. En cambio, durante los siglos XIX, XX y XXI, estos elementos se debilitan, construyendo identidades más frágiles, más sujetas al cambio. Las transformaciones sociales que introduce el capitalismo hacen que se pueda hablar de que «todo lo que se creía permanente y perenne se esfuma, todo lo consagrado se desacraliza y, al fin, los hombres se ven obligados a contemplar con ojos desapasionados sus propias vidas y sus relaciones con los demás»[43]. Como afirmara Max Weber, el hombre occidental contemporáneo vive en un «mundo desencantado»[44].

Zygmunt Bauman[45], por su parte, explica que, en el pasado, pertenecer se trataba de una cosa natural. La trayectoria vital de los individuos estaba marcada por ser local y la comunidad de la que se formaba parte era directa, personal y obvia. En cambio, en la actualidad, la gente puede, relativamente, construir su identidad y sentimiento de pertenencia en torno a comunidades abstractas e imaginadas en las cuales se desconocen la mayoría de miembros entre sí. La globalización, además,

---

[41] Tejedor, María del Rocío, «A caballo entre dos mundos: la construcción identitaria de las segundas generaciones en Alcalá de Henares», *Lengua y migración*, vol. 2, 2010, n.º 1, p. 70.

[42] Velasco, Luis, «Identidades colectivas en el horizonte 2050: ¿Consenso o disenso? El ejemplo del servicio militar», *Instituto Español de Estudios Estratégicos*, 2018, p. 7.

[43] Marx, Karl y Engels, Friedrich, «Manifiesto comunista», en Bértolo, Constantino (ed.), Marx, Karl, *Llamando a las puertas de la revolución. Antología*, Barcelona, Penguin Clásicos, 2017, p. 281.

[44] Weber, Max, *El político y el científico*, Madrid, Alianza Editorial, 2021.

[45] Bauman, Zygmunt, *Identidad: conversaciones con Benedetto Vecchi*, Buenos Aires, Losada, 2005.

ha profundizado ese proceso de desvanecimiento de lo sólido y de profanación de lo sagrado, desvinculando cada vez más a los individuos de sus orígenes sociales, culturales y geográficos.

La identidad, así, debe entenderse como formada por una parte privada o individual y una parte comunitaria o grupal que se relacionan y codeterminan mutuamente. Dentro de la identidad individual, ha de distinguirse entre una identidad privada (referida a los aspectos personales de la vida de la persona) y una identidad pública (referida a las relaciones inmediatas que establece la persona, como las entabladas en los lugares de trabajo o los lugares de estudio, por mencionar algunas de las más habituales)[46].

En relación a la parte comunitaria o grupal de la identidad, ya se ha mencionado la determinación histórica de la misma (esta determinación, lógicamente, opera también en el nivel individual, pero se manifiesta de forma más evidente en esta parte grupal). Las sociedades previas a la Segunda Guerra Mundial (1939-1945) se dedicaban, desde el marco del Estado nacional, a la creación de una conciencia nacional que aglomerase a la ciudadanía para generar un imaginario colectivo, generando relaciones de lealtad. Este proceso ha sido analizado en profundidad por Benedict Anderson[47], que señala cómo las condiciones materiales de la sociedad (incluyendo aquí el desarrollo tecnológico y las relaciones sociales de producción y reproducción de la vida) fundamentaron la progresiva aparición de conciencias nacionales y, posteriormente, de naciones. Las naciones, entonces, se caracterizan por ser «comunidades imaginadas» que ponen en relación, siempre de forma limitada (pues la existencia de una nacionalidad presupone la de otras, incluyendo a unos y excluyendo a otros en función de características más abiertas o más cerradas), a los habitantes de un territorio.

Esta forma de generar la parte comunitaria o grupal de la identidad se ha ido debilitando, aunque no desapareciendo, desde la segunda mitad del siglo XX. Este debilitamiento debe entenderse como un proceso de largo alcance, habiendo repuntes durante el mismo y no siendo un proceso completamente lineal, aunque describe una tendencia decreciente. Las transformaciones sociales, políticas y económicas han acelerado el proceso de individualización de la sociedad, haciendo más heterogéneas las comunidades nacionales (referente a los procesos de desnacionalización y posnacionalización que describe Saskia Sassen[48]) y haciendo de

---

[46] Martínez Sahuquillo, Irene, «La identidad como problema social y sociológico», *Arbor. Ciencia, pensamiento y cultura,* vol. 722, 2006, p. 813.

[47] Anderson, Benedict, *Comunidades imaginadas: Reflexiones sobre el origen y la difusión del nacionalismo,* México D. F., Fondo de Cultura Económica, 1993.

[48] Sassen, Saskia, *Contrageografías de la globalización. Género y ciudadanía en los circuitos transfronterizos,* Madrid, Traficantes de Sueños, 2003, pp. 108 y ss.

la diversidad cultural un elemento fundamental de las sociedades europeas. Este proceso, con todo, no ha generado una identidad colectiva compartida para los habitantes de un mismo espacio público, lo que genera una tensión entre la «vieja» identidad nacional declinante y la aparición de otras identidades nacionales en un espacio, en principio, definido social, política y jurídicamente ajeno para ella. Esto es, se genera una división entre un «nosotros» (los nacionales nativos que activamente participan de esta identidad) y un «otros» (los extranjeros, reivindiquen o no su identidad nacional de partida, y los nativos que renuncia consciente o inconscientemente a su identidad nacional) donde el conflicto se va larvando ante la falta de unas identidades colectivas compartidas capaces de representar positivamente la diversidad de la población.

Con esta exposición general de las transformaciones sociales de las sociedades occidentales observadas desde sus variaciones en la diversidad social, pueden extraerse una serie de conclusiones sobre el concepto de identidad. La identidad es un concepto compuesto que sintetiza los valores, las actitudes y los comportamientos transmitidos en diferentes medios. La identidad es una estructura dinámica, ya que evoluciona a la par que lo hacen las sociedades, aunque nunca existe una adecuación total, pues la base de la identidad (su «parte residual») no se socava plenamente en el instante en que se producen cambios sociales. La identidad, además, es dialéctica, lo que quiere decir que se construye siempre en interacción, en el encuentro con el «otro», ya que la sociedad proyecta sobre el sujeto la parte grupal de la identidad y este, o asume la identidad socialmente construida o se resiste, en relación a la parte individual de la identidad. Es de esta tercera característica que Manuel Castells[49] distingue tres tipos de identidad: la identidad legitimadora, la identidad de resistencia y la identidad proyecto.

La identidad legitimadora se refiere a la proporcionada por las instituciones dominantes para ampliar y reproducir su dominación sobre la sociedad, pues:

> (...) generan una sociedad civil, es decir, un conjunto de organizaciones e instituciones, así como una serie de actores sociales estructurados y organizados que reproducen, si bien a veces de forma conflictiva, la identidad que racionaliza las fuentes de la dominación estructural[50].

La identidad de resistencia es la que se genera por los actores que se sienten, y en muchas ocasiones efectivamente son, infravalorados, estigmatizados, discriminados, oprimidos o explotados por la lógica dominante. Ante ello, construyen esferas de resistencia y supervivencia basándose en principios diferentes y/u

---

[49] Castells, Manuel, *La era de la información. Economía, sociedad y cultura. Volumen 2: El poder de la identidad*, Madrid, Alianza Editorial, 1998.

[50] Castells, *op. cit.*, p. 36.

opuestos a los dominantes. De estas identidades se suelen derivar comunidades que construyen organizaciones de resistencia colectiva (más o menos formales), en una vertiente ofensiva (buscando finalizar con la opresión), defensiva (evitando que esta se profundice) o, más generalmente, mixta. Esta identidad de resistencia se formaría como un ejemplo de la famosa máxima del filósofo Michel Foucault: «donde hay poder hay resistencia, y no obstante (o mejor: por lo mismo), esta nunca está en posición de exterioridad respecto del poder»[51].

La identidad proyecto, por su parte, es la vinculada a la producción de sujetos, al deseo de ser un individuo y de dotar de sentido a la experiencia de vida individual. La realidad indica, en cambio, que aunque la construcción de la identidad sea un aspecto individual, esto requiere necesariamente de una parte comunitaria y grupal como la antes descrita, ya que las identidades solo surgen, se mantienen y evolucionan a partir de la interacción social con los otros.

Las identidades, por tanto, se relacionan con las culturas, dando forma a estas y, al mismo tiempo, siendo construidas a partir de ellas. Aunque la cultura (como valores, costumbres, significados) determina la biografía de una persona y su identidad, es un elemento más entre otros (como la clase social, la etnia, el género, etc.). De hecho, la cultura es un elemento contradictorio, ya que existen múltiples variaciones y tendencias dentro de un medio cultural[52]. Este fenómeno es especialmente observable en las personas migrantes y sus descendientes, que suelen mostrar dobles vínculos debido a su proceso migratorio, pues recoge elementos del territorio de origen y se entremezclan con elementos del territorio de destino. Este tipo de situaciones resultan cada vez más frecuentes en la era de la globalización, diluyendo las fronteras culturales en muchos trazos y alterando la forma en que los inmigrantes negocian su identidad en los países de destino[53]. Los dobles vínculos, aunque muy visibles en la población migrante, no son exclusivos de la misma, pues la diversidad es un fenómeno que afecta a cada vez más personas en sus entornos inmediatos, como pueden ser las diferencias religiosas, de género, orientación sexual, etc., lo que afecta a la identidad de los individuos, complejizándola y enriqueciéndola.

En todo este contexto, con las continuidades y discontinuidades experimentadas por las sociedades desde la segunda mitad del siglo XX, la identidad se ha convertido en un elemento divergente entre los habitantes, lo que ha resultado en la aparición de conflictos en torno a la misma. Desaparecida la función homogeneizadora en torno al Estado-nación de la identidad, esta es ahora un equilibrio de

---

[51] Foucault, Michel, *Historia de la sexualidad. Volumen 1 – La voluntad de saber*, México D. F., Siglo XXI Editores, p. 116.
[52] Sen, Amartya, *Identitat i violència*, Barcelona, La Campana, 2009.
[53] Tejedor, *op. cit.*, p. 83.

fuerzas individuales que se mueve por diferentes formas de interacción social que se pueden relacionar con la convivencia, la coexistencia y la hostilidad. La existencia de sociedades cada vez más pluriculturales y pluriétnicas ha puesto en el centro de los conflictos sobre la inclusión, la integración y la exclusión la cuestión de la identidad y la oposición étnicamente construida entre un «nosotros» y un «ellos».

En España, de la misma forma que en el conjunto de Europa y otros países principalmente receptores de inmigración, se ha debido lidiar con los impactos del aumento de la diversidad y en la gestión de la interacción social en el espacio público de grupos socioculturales diferenciados. Esta gestión ha variado de intensidad, siendo más apremiante en aquellas zonas del Estado con una recepción de mayores cuotas de población migrante, donde la población nativa ha podido sentir su identidad nacional amenazada.

Además, esta gestión ha tenido que desarrollarse a marchas forzadas, hecho derivado de la velocidad con la que España pasó de ser principalmente un país emisor de población migrante a ser uno receptor de inmigración. Esto provoca que una gran parte de la población española ha sido socializada en un contexto de escasa diversidad cultural, reducida a la diversidad existente al interior del Estado (regional, de identidad nacional o de otras cuestiones que afectan a todas las sociedades como el género, la edad, etc.). En este contexto, el surgimiento de discursos alarmistas en la opinión pública, difundidos y amplificados por esferas de las instituciones públicas y los medios de comunicación, junto a los discursos basados en prejuicios y estereotipos sobre el «otro» han contribuido a interpretar la diversidad cultural resultado de la migración como una amenaza, escalando el conflicto. A su vez, se genera un caldo de cultivo para la aparición de discursos xenófobos, racistas y nativistas que fomenten la exclusión de la población extranjera[54].

La diversidad cultural, entonces, ha funcionado como una fuente de conflicto, lo cual no tiene, esencialmente, un carácter problemático. Los conflictos, como se ha explicado, son inherentes a la interacción humana, especialmente a la interacción en el espacio público. Lo diferencial está en la forma en que estos conflictos son gestionados, contribuyendo a unas u otras formas de interacción que, aquí, se ha descrito que puede adoptar fundamentalmente la forma de la convivencia, de la coexistencia o de la hostilidad. Para el caso de la diversidad cultural, los modelos de gestión también tienen una influencia decisiva sobre el modo de interacción a que se encaminará la sociedad y también está determinada por las políticas adoptadas hasta el momento. Concretamente, en lo que sigue se explicarán los tres modelos de gestión de la diversidad (asimilacionismo, multiculturalismo e interculturalidad) y sus efectos sobre la interacción social.

---

[54] Subirats, *op. cit.*, p. 11.

1. ASIMILACIONISMO

El primero de los modelos de gestión de la diversidad cultural a considerar es el asimilacionismo. Históricamente, este modelo fue el dominante en los países receptores de inmigración hasta los años 80 del siglo XX, siguiendo el modelo francés. Brevemente, este modelo trataba de que la población migrante, especialmente aquella no llegada de los países occidentales, emprendiese un proceso de negación y asimilación, donde el inmigrante debía abandonar la cultura propia de su país de origen y asumir una identidad nacional nueva, la del país de destino. Este modelo es la extensión hacia la población inmigrante de unas políticas históricamente orientadas a forjar la identificación entre ciudadano y Estado nacional. La escolarización obligatoria, la participación en las instituciones nacionales, la promoción de una lengua común, la identificación con unos símbolos y unas figuras históricas... Todo ello estaba asentado en múltiples países occidentales cuando empiezan a darse amplios procesos migratorios que explican la diversidad cultural actual. Es sobre esta base de «nacionalización de las masas» que la inmigración se incorporaba a sociedades altamente homogeneizadas culturalmente[55], con lo que la tendencia institucional normal contribuyó a que las políticas aplicadas sobre la población autóctona se desarrollasen de igual forma sobre la población inmigrante[56].

Este modelo se caracteriza por fundamentarse en el individualismo, prescindiendo de las particularidades de las personas migrantes como su pertenencia previa a una cultura específica. De hecho, el asimilacionismo se enmarca en una tendencia económica, política y social que sostiene la supremacía de un pueblo (el pueblo español, el pueblo francés, el pueblo estadounidense, etc.), convencidos de que el resto debe de renunciar a sus características culturales y adoptar los valores culturales del grupo más fuerte. Así, dentro de un territorio determinado, el asimilacionismo busca desarrollar la homogeneidad cultural, llevando a que las personas de culturas minoritarias las abandonen para adoptar los valores, las costumbres y las ideas de la cultura mayoritaria. Este modelo de gestión entiende que la convivencia, en tanto modo de interacción pacífico y que gestiona de forma positiva los conflictos, es algo que solo puede darse cuando hay homogeneidad cultural. Además, un argumento recurrente de los defensores de este modelo es que la soberanía se construye nacionalmente, con lo que la pervivencia del pluralismo

---

[55] Se habla de que estaban «homogeneizadas» y no de que eran «homogéneas» porque muchas de estas sociedades occidentales mantenían una heterogeneidad interior destacable, pero los procesos políticos fueron tendentes a anular las diferencias sobre un marco cultural común, no sin resistencias.

[56] Torres Pérez, Francisco, «De la asimilación al pluralismo. Inmigración y gestión de la diversidad cultural en las sociedades contemporáneas», *Arxius*, vol. 11, 2004, p. 62.

político y los mecanismos democráticos se vincula a la existencia de una sociedad monocultural. El asimilacionismo entiende que la existencia de múltiples culturas es una fuente de conflictos constante, siendo imposible el mantenimiento de la paz. Como se ve, este modelo mantiene una noción esencialista de las culturas, como totalidades antagónicas destinadas a la interacción violenta si comparten el espacio público. Por ello, la solución propuesta es el abandono de las culturas minoritarias en favor de la adopción de la cultura mayoritaria.

El asimilacionismo, de conformidad con el liberalismo doctrinario, entiende que las políticas comunitaristas (o sea, aquellas destinadas a reconocer los derechos de una comunidad específica) provocan identidades aisladas y excluyentes, contrariando la identidad común que se establecería a partir de lo designado por el Estado-nación. Desde las bases ideológicas que sustentan el asimilacionismo, se entiende que conceder derechos colectivos a determinados grupos generará inevitablemente más problemas, ya que provocaría que los distintos grupos pidiesen más y más derechos, desencadenando la aparición de privilegios y el constante sentimiento de agravio de aquellos grupos que perciban el tener menos derechos que otros. En última instancia, tal como lo ven los asimilacionistas, la concesión de derechos conduciría a la desigualdad y al conflicto violento entre grupos[57].

Este es un modelo que reivindica el derecho a la igualdad, entendiendo que la diversidad lo amenaza, por lo que ha optado porque la población inmigrante se ajustase a los parámetros culturales de la sociedad de destino. Además, el argumento utilizado para defender el asimilacionismo es que el Estado debe ser neutral con todos los ciudadanos y no favorecer a un grupo sobre otro, algo que estaría realizando al reconocer unos derechos colectivos a un grupo concreto. Ante esta neutralidad, el modo de toma de decisiones colectivas es mediante la regla de la mayoría, lo que lleva a que las demandas y particularidades de las minorías culturales sean desatendidas en favor de las opiniones mayoritarias. En el hipotético conflicto entre derechos individuales y derechos colectivos, el asimilacionismo siempre resuelve a favor de los primeros. Los segundos, si no son completamente negados, son condenados a la esfera privada cuando se entiende que pueden entrar en tensión con aspectos de la cultura nacional dominante en el territorio en cuestión.

Tal como se entiende desde el asimilacionismo, la diversidad es un problema transitorio, pues parte de que la homogeneidad cultural es lo normal, existente desde la fundación del país, y al mismo tiempo es la meta a conseguir. Así, se trata

---

[57] Durán Muñoz, Rafael, «Modelos de gestión de la diversidad y conflictos multiculturales. Un apunte sobre casos», en García Castaño, Francisco Javier y Kressova, Nina (coords.), *Convivencia y gestión de la diversidad cultural*, Granada, Universidad de Granada, Actas del I Congreso sobre Migraciones en Andalucía, 2011, p. 1815.

de gestionar ese problema (la diversidad) como algo que debe desaparecer, por lo que se entiende que las políticas elaboradas solo afectan a las minorías culturales, que deben elegir entre un mundo de tolerancia, oportunidades y progreso que brinda la sociedad de acogida o un mundo atrasado y de exclusión que supone el mantener la cultura propia. A la población inmigrante se le presenta la posibilidad de gozar de la misma igualdad de oportunidades que el grupo nativo y no sufrir más discriminación si se asimila a sus pautas culturales. No obstante, la realidad contradice toda esta retórica, pues las razones que llevan a la discriminación están por encima de la actitud de la persona que la sufre. En su visión individualista, se le hace responsable de la discriminación que padece, así como de ser el único responsable en la asimilación. Este modelo de gestión de la diversidad obvia que incluso cuando se asimila plenamente a la cultura dominante, aparecen barreras derivadas de unas leyes que le excluyen de la nacionalidad o del empleo, así como el color de piel u otros rasgos físicos siguen siendo elementos que los distinguen, siendo víctimas de ataques xenófobos o racistas por ese simple hecho[58].

Otra crítica que se la ha realizado de manera repetida a esta forma de gestión de la diversidad es que la igualdad que defiende es ciega ante las desigualdades económicas, sociales y políticas entre población nativa y población inmigrante. Este hecho tiende a no incluir y no integrar a la población en los países de destino, provocando un refuerzo de las diferencias culturales de cada comunidad habitante del territorio. En lugar de lograr una efectiva igualdad, los resultados contrastados de este modelo de gestión de la diversidad exacerbaron las diferencias, provocando, en muchos casos, la sensación de segregación, y en algunos de ellos la efectiva segregación, de los grupos culturales minoritarios.

Un ejemplo de este proceso es la sociedad francesa que, cuando la diversidad cultural en el territorio creció, la presencia de la población inmigrante (que provenía sobre todo del viejo mundo colonial del imperialismo francés, como Argelia) deja de ser comprendida como un valor y empieza a entenderse como una amenaza. Dentro de las políticas asimilacionistas, una de las más conocidas es la prohibición del uso del velo islámico (hiyab) en los centros educativos de Francia a principios de los 2000. En este caso, se niega la libertad individual en favor de una supuesta igualdad (que, en realidad, no es más que una homogeneidad) entre habitantes. Esta sensación de amenaza fue provocando que la opinión pública se desplazase hacia una visión negativa sobre la inmigración, entendiendo que era imposible que se integrasen y que amenazaban la cohesión social y nacional del país. Esta situa-

---

[58] Malgesini, Graciela y Giménez, Carlos, *Guía de conceptos sobre migraciones, e interculturalidad*, Madrid, Catarata, 2000.

ción desembocó en la «marche des beurs»[59] en 1983, una movilización colectiva de hijos de inmigrantes con el objetivo de denunciar el en la sociedad francesa y lo que ellos entendían como una negación de su identidad como franceses por el origen árabe de sus padres[60].

Otros casos destacables de políticas de asimilación cultural son las emprendidas en Estados Unidos o en Canadá, siguiendo la política del «anglo-conformity», esto es, la promoción de la asimilación de la cultura anglosajona entre la población nativa y extranjera. A pesar de estar ambos Estados conformados por una multiplicidad de grupos culturales (tanto que suelen ser definidos como Estados resultados del «melting pot»[61]), la política seguida desde su conformación ha sido la asimilacionista. Por ejemplo, Estados Unidos ha seguido una política destinada a que los múltiples grupos culturales en su territorio se ajustasen a un molde cultural basado en la lengua inglesa y en la cultura anglosajona. De hecho, la política estatal promovió la selectividad entre inmigrantes, utilizando criterios etno-culturales, con lo que se daba primacía a la inmigración europea al tiempo que se restringía la asiática, al entender que la primera era más favorable a adoptar el «estilo de vida americano» que la segunda. En Canadá, la situación fue similar, siguiendo el modelo anglosajón como molde sobre el que construir su sociedad. La diferencia estaba en que esto se conjugó con el mantenimiento de la lengua francesa (aunque siempre bajo el predominio cultural anglosajón) y se reconoció la dualidad identitaria en Québec, pero no en el resto del Estado, tratando de presentarlo como una anomalía dentro de una Canadá unitaria[62].

La mayor diversidad cultural que se ha ido produciendo, junto a los resultados más bien pobres de las políticas de asimilación (o incluso la multiplicación de conflictos entre grupos culturales) han llevado a que este modelo perdiese su centralidad hacia finales del siglo XX, lo que no ha evitado múltiples reapariciones del mismo, especialmente con políticas concretas. Las razones detrás de su abandono, aparte de la aún importante diversidad cultural y sus malos resultados, son las mayores exigencias y reivindicaciones de las minorías culturales por ver respetadas sus costumbres y el descrédito y pérdida de legitimidad de los discursos asimilacionistas.

---

[59] Marcha de los beurs, en castellano. «Beurs» es un término que se refiere a la primera generación de jóvenes nacidos en Francia e hijos de inmigrantes magrebíes.

[60] Gascón, M., «Lecciones de Francia en la integración de las segundas generaciones», *Pensamiento crítico*, 2010.

[61] En castellano, crisol de culturas.

[62] Torres Pérez, *op. cit.*, p. 67.

2. MULTICULTURALISMO

El modelo de gestión de la diversidad que ha ocupado el lugar dominante que mantenía el asimilacionismo es el del multiculturalismo. Este cambio de modelo se gestó a partir de los años 90, situando la tolerancia y la convivencia en el centro de los principios a seguir. Las causas estructurales que propiciaron ese cambio, además de las ya mencionadas explicaciones del declive del asimilacionismo, son el aumento de la interconectividad mundial y el flujo de personas (que se produce en la mayoría de casos como mano de obra barata foránea), la baja natalidad de los países europeos receptores de población inmigrante, la elevada presión económica al sistema de seguridad social y de pensiones derivada de la evolución demográfica (con una proporción creciente de población en la tercera edad) y la voluntad de frenar las actitudes y los comportamientos xenófobos que rechazan las culturas de origen de los nuevos miembros de la sociedad[63].

El multiculturalismo, de esta forma, se fundamenta en reivindicar el derecho a la diferencia[64], fundamento en la tolerancia hacia las costumbres de los grupos y culturas minoritarios, entendiendo que la diversidad cultural es algo positivo que se debe conservar. Este modelo, entonces, parte de la negación de la existencia de valores universales comunes a todos los grupos culturales humanos, lo que lleva a plantear que la interacción social entre grupos culturales está limitada por el respeto al otro, al diferente, pero siempre reconociendo la distancia entre grupos culturales. En cierta forma, el multiculturalismo está anclado en la noción liberal de libertad, una noción negativa que se entiende como una ausencia de interferencia, esto es, una persona sería libre si no está sometida a una situación de violencia directa o coacción declarada de un agente externo a la hora de decidir[65]. Esta lectura, compartida con el modelo del asimilacionismo, difiere en que el multiculturalismo sitúa como el sujeto que ejerce esa libertad al grupo cultural, que puede hacer lo que quiera, siempre que respete a los otros grupos. El asimilacionismo, en cambio, entiende que es el individuo el sujeto de la libertad, pudiendo hacer

---

[63] Ramírez-Orozco, Mario, «De la multiculturalidad a la identidad sutil: una propuesta para la transferencia identitaria», *Revista CIDOB d'Afers Internacionals,* vol. 93-94, 2011, pp. 262-263.

[64] Este elemento fue aceptado por movimiento xenófobos como la Nueva Derecha Europea, que dio la vuelta al concepto, entendiendo que el derecho a la diferencia se basaba en rechazar la inmigración. Concretamente, su argumento es que las diferencias culturales solo podrían mantenerse si cada grupo cultural se mantenía en su territorio, pues, aunque no hay culturas superiores e inferiores, sí habría culturas superiores a otras en un territorio determinado. Véase, sobre esto, Antón-Mellón, Joan, «El Eterno Retorno, ¿Son fascistas las ideas fuerza de la Nueva Derecha europea (ND)?», *Foro Interno,* vol. 11, 2011.

[65] Skinner, Quentin, «La libertad de las repúblicas: ¿un tercer concepto de libertad?», *Isegoría,* vol. 33, 2005, p. 21.

aquello que desee sin faltar al respeto a otros individuos[66]. En cierta forma, el multiculturalismo trata de ser una oposición total a la filosofía del asimilacionismo, aunque las continuidades entre ambas son claras.

La Organización de las Naciones Unidas para la Educación, la Ciencia y la Cultura (UNESCO), haciéndose eco de este modelo, lo define a partir de tres vertientes: la demográfica-descriptiva, la programática-política y la ideológica-normativa[67]. La vertiente demográfica-descriptiva se refiere a la multiculturalidad cuando existen diversos segmentos étnicos dentro de la población de una sociedad o un Estado. La vertiente programática-política, por su parte, hace referencia a los tipos de programa y de iniciativas políticas que tienen por objetivo dar respuesta a la diversidad étnica para gestionarla. La vertiente ideológica-normativa, en cambio, se entiende como la que constituye un modelo de acción basado en la teorización sociológica y en el análisis ético y filosófico del lugar que ocupan en la sociedad contemporánea las personas con diversas identidades culturales.

En el debate entre derechos individuales y derechos colectivos, el multiculturalismo apuesta por los segundos, siguiendo una filosofía comunitarista en la que el objetivo es establecer una mayor protección de las minorías y lograr la igualdad entre los distintos grupos culturales. El multiculturalismo, además, considera que la esencia del grupo debe prevalecer por encima del individuo; que el Estado debe intervenir activamente en la defensa de los valores, costumbres, principios y derechos de las minorías étnicas, especialmente ante el riesgo de desaparición de las mismas ante la cultura mayoritaria y dominante (sea por aculturación o sea por marginación); y que se debe reivindicar la diversidad frente a la justicia universal, lo que lleva a que comprenda los conflictos como un conflicto de valores y modos de vida, en lugar de un conflicto de ideas e intereses[68].

Aunque el multiculturalismo supone un avance con respecto al modelo del asimilacionismo, no está exento de problemas y limitaciones a la hora de gestionar la diversidad cultural. La interacción de este modelo se caracteriza por una tolerancia reinante entre las culturas minoritarias y la cultura predominante, pero las identidades culturales diversas no son aceptadas ni incorporadas de manera positiva en un plano de igualdad. Así, el multiculturalismo promocionaría una coexistencia en la interacción entre los diversos grupos culturales, manteniéndolos, en la práctica, aislados unos de otros. El lema que puede resumir la interacción del multiculturalismo es «juntos, pero no revueltos».

---

[66] Bernal, Aurora, «La educación entre el multiculturalismo y la interculturalidad», *ESE: Estudios sobre educación*, vol. 4, 2003, p. 96.

[67] Ramírez-Orozco, *op. cit.*, p. 263.

[68] Durán Muñoz, *op. cit.*, p. 1814.

Políticamente, estas nociones se traducen en la apuesta por el reconocimiento como factor clave para gestionar la diversidad cultural. La diferencia, que es un factor positivo, se ensalza, intentando reflejar los elementos de cada grupo que lo distinguen del resto, como los rituales, la historia, las festividades, el arte, el idioma y demás. Lo que se busca es dar un valor positivo a las minorías culturales, alejando los estereotipos y prejuicios negativos que, en múltiples ocasiones, explican su discriminación[69]. Aunque en general apuesta por el pluralismo en las relaciones humanas y las interacciones en el espacio público, su defensa de la diferencia y reivindicación de la misma lleva a que los grupos se encierren en sí mismos, siendo ajenos entre sí. Cada uno va a lo suyo, sin molestar a nadie y buscando no ser molestado. Como se ve, las similitudes con el modelo de interacción de coexistencia son múltiples, pero en este caso adscrito a los diferentes grupos culturales y no a cualquier grupo humano que comparta el espacio público.

El modelo del multiculturalismo, además, ha sido criticado por la sobrevaloración de «lo exótico» desde una mirada occidental, de modo que se exponen de manera exagerada los hechos identitarios de los extranjeros y los inmigrantes, reforzando su identidad como alteridad, como algo ajeno a la sociedad en que vive. Este enfoque (muy aplicado en el mundo anglosajón) centrado en exaltar los hechos diferenciales de cada grupo cultural, provoca el refuerzo de los vínculos internos de cada grupo a costa de los vínculos inter-grupales, funcionando como una barrera para el mestizaje y la interacción entre diferentes. Este nivel de integración se limitaría a ejercerse en un plano simbólico sin atender y resolver otros factores determinantes para promover una inclusión social integral, lo que implica garantizar el acceso al mundo laboral, la igualdad ante la ley, el acceso a los diferentes servicios públicos, etc.

La forma en que el multiculturalismo hace frente a la diversidad cultural, exaltado las diferencias y el simbolismo, ha provocado que una de las críticas que ha recibido es que cae en el relativismo cultural. El relativismo cultural es una forma de interpretación del fenómeno cultural que entiende que cada cultura solo puede ser entendida en sus propios parámetros, por lo que no se puede establecer ningún punto de vista único y universal para interpretarlas y/o juzgarlas. Este aspecto da pie a un reconocimiento de la diferencia que fetichiza, esto es, cosifica, naturaliza y eterniza las diferencias culturales, cayendo en un esencialismo que entiende imposible la interacción entre culturas en pie de igualdad o la negociación entre ellas para resolver los conflictos.

---

[69] Torrens, Xavier, «Multiculturalismo», en Antón-Mellón, Joan y Torrens, Xavier (eds.), *Ideologías y movimientos políticos contemporáneos*, Madrid, Tecnos, 2006, pp. 476-478.

Al igual que el asimilacionismo, el multiculturalismo corre el riesgo de interpretar a los grupos culturales como hechos de la naturaleza y totalidades antagónicas. Esto ha llevado que algunas críticas radicales a este modelo de gestión de la diversidad lo definan como una «ideología del post», pues en lugar de acabar con las diferencias derivadas de distintas culturas, reforzaría el pensamiento racial. La insistencia sobre la culturalización y el privilegio que este modelo le da sería una cosmovisión que, aunque intenta superar las nociones racistas, cae de nuevo en ellas, según fundamentan los críticos más firmes contra las insuficiencias de este modelo[70]. Ello se debe, también, a que se parte de una concepción prepolítica de las comunidades culturales, que sería anterior al individuo y lo determinaría, pues este siempre heredaría en bloque las características culturales del grupo en que nace[71]. Esta forma de entender la cultura y los diferentes grupos culturales plantea el problema de las relaciones que establecen entre ellos, siendo tendente a que la interacción que se desarrolle se limite a la coexistencia.

Como se ha mencionado, el modelo del multiculturalismo ha sido aplicado de forma mayoritaria y pionera en el mundo anglosajón. En Canadá, por ejemplo, se ha desarrollado un modelo que intenta encajar las demandas de reconocimiento de los múltiples grupos culturales minoritarios que habitan el Estado, pero se ha centrado en integrar a la población inmigrante y no en resolver la cuestión de los múltiples grupos nacionales que conforman el Estado. De hecho, esta política es continuista con el primer asimilacionismo adoptado en Canadá, donde ya se abría la posibilidad de un cierto multiculturalismo al reconocerse el bilingüismo del Estado[72].

En Estados Unidos y Gran Bretaña, en cambio, las políticas de gestión de la diversidad cultural se han centrado en las relaciones establecidas entre la población negra y la población blanca, por lo que la política de multiculturalismo seguida se ha centrado más en la discriminación por el color de la piel que los problemas y conflictos que puedan surgir de las diferencias culturales entre estos grupos. Por tanto, el modelo del pluralismo cultural ha estado decisivamente marcado por el color de piel, lo que ha generado que la gestión multicultural no atendiese a las diferencias culturales de los grupos, por lo que ha mantenido una síntesis entre el asimilacionismo precedente y el paradigma multicultural[73].

Llevado al ámbito educativo, puede observarse cómo, aunque intenta superar el modelo del asimilacionismo, el multiculturalismo reproduce algunas de sus

---

[70] Malgesini y Giménez, *op. cit.*

[71] Durán Muñoz, *op. cit.*

[72] Gorrotxategi Azurmendi, Miren, «La gestión de la diversidad cultural: el multiculturalismo en una sociedad plurinacional. El interculturalismo *québécoise* frente al multiculturalismo canadiense», *Revista de Estudios Políticos,* vol. 129, 2005, pp. 94-95.

[73] Malgesini y Giménez, *op. cit.*

prácticas y lógicas. El asimilacionismo, fundamentado en que la cultura mayoritaria de un territorio es la que debe prevalecer, optó en numerosas ocasiones por la segregación entre estudiantes. El multiculturalismo, fundamentado en cambio en que todas las culturas tienen valor y que no deben ser cuestionadas, apostó por la separación del alumnado por razones culturales con el objetivo de aplicar un currículum propio en función de la identidad étnica y cultural[74]. A pesar de las diferencias en sus objetivos, buscando el asimilacionismo la homogeneidad cultural y el multiculturalismo el pluralismo cultural, ambos modelos acabaron por desarrollar prácticas idénticas en educación, segregando culturalmente al alumnado.

En las sociedades globalizadas de la contemporaneidad, la problemática de la interacción social y la inclusión en la esfera cultural es tan importante de abordar como frecuente caer en reduccionismos, como estos ejemplos demuestran. Un aspecto que no debe perderse de vista es que la marginalidad socioeconómica que experimentan las personas de minorías culturales (en forma de sobreexplotación, condiciones de vida precarias o imposibilidad de acceder al mercado laboral regular) acaban trascendiendo el carácter étnico, aunque el origen étnico y el pertenecer a una cultura minoritaria puedan explicar su falta de reconocimiento. Al multiculturalismo, entonces, debe reconocérsele un análisis y una propuesta que superan al asimilacionismo, pero sigue siendo insuficiente para abordar la diversidad cultural.

Para hacer frente a los escenarios complejos pluriétnicos y pluriculturales que son cada vez más frecuentes en las sociedades occidentales y perseguir el ideal de interacción de la convivencia pacífica en comunidad, es importante establecer medidas políticas que aumenten la libertad e igualdad de los individuos (ya sea en educación, en empleo, en sanidad o en vivienda, entre otras). Esta afirmación pasa por reconocer que esto es condición necesaria, pero no suficiente, pues es fundamental también impulsar motores de cambio comunitarios que consigan agregar a los individuos independientemente de su origen y condición, lo que es fundamental para encaminar a las sociedades hacia una interacción pacífica en convivencia. Del reconocimiento en la urgencia de esta tarea nace el modelo intercultural.

3. INTERCULTURALIDAD

El modelo multicultural hace referencia a una interacción en el espacio público compartido entre diversas culturas, pero esta se limita a la coexistencia, sin que se produzca un intercambio real y una interacción de convivencia. El multiculturalismo presenta como compartimentos estancos a los grupos culturales dentro de la sociedad, pero frente a este modelo ha surgido la alternativa de la interculturalidad. Esta alternativa nace como una forma de recoger la dinámica social entre grupos

---

[74] Bernal, *op. cit.*, p. 97.

culturales, así como la interacción y síntesis entre ellos. En palabras de Perotti, la sociedad intercultural es un proyecto social y político «(...) que, partiendo del pluralismo cultural ya existente en la sociedad —pluralismo que se limita a la *yuxtaposición de la cultura* y se traduce únicamente en una revalorización de las culturas etno-grupales— tiende a desarrollar *una nueva síntesis cultural*»[75]. La síntesis cultural de este proyecto debe entenderse como algo planificado e intencionado, lo que la diferencia del «melting pot», donde se produce una pérdida de la identidad propia.

La interculturalidad, por tanto, consiste en un modelo y paradigma donde la clave está en el respeto de la diferencia, sin prejuicios de algún tipo hacia la libre decisión individual de asimilarse a la cultura mayoritaria del territorio o conservar la especificidad cultural, siempre que se respeten los derechos y deberes de los individuos y de la sociedad en que se cohabita. Este paradigma, entonces, busca asegurar los derechos de forma íntegra para unos y otros de forma igual, al nivel de los derechos individuales y de los derechos colectivos[76]. La interculturalidad comparte con el multiculturalismo el respeto a la diferencia, al tiempo que comparte con el asimilacionismo la defensa del principio de igualdad. El objetivo de la interculturalidad es el desarrollo de una cultura pública compartida, basada en los valores de la democracia, la libertad y los derechos humanos, pero siempre respetando la diversidad cultural, lo que implica la tolerancia entre grupos y el rechazo a la discriminación.

La interculturalidad, por tanto, persigue un equilibrio entre los derechos y los deberes fundamentales compartidos por toda la población en una situación que preserva la vinculación del individuo con el propio grupo cultural. Un elemento central del paradigma de la interculturalidad es el respeto a los derechos humanos, que constituyen unos valores centrales para el conjunto de la población mundial y no deben ser susceptibles de negociación.

Para alcanzar este objetivo de armonizar derechos y deberes desde el máximo respeto y promoción de los derechos humanos, es de fundamental importancia establecer un diálogo permanente en plano de igualdad entre los diversos grupos culturales que interactúan en el espacio público, buscando la participación activa y conjunta de todos los habitantes, así como herramientas para la gestión alternativa de los conflictos que puedan emerger (y, de hecho, emergerán) de la interacción social. La interculturalidad, de esta forma, apunta hacia la inclusión social de la

---

[75] Perotti, Antonio, «Pequeño léxico antropológico y sociológico sobre la inmigración», *Servicio de Documentos. Por un mercado común de las ideas,* vol. 65, 1989, p.65.

[76] Giménez, Carlos y Lorés, Nuria, «Convivencia: conceptualización y sugerencias para la praxis», en Fundación CIDOB (coord.), *Inmigración y gobierno local. Experiencias y retos*, Barcelona, IV Seminario de Inmigración y Europa, 2007, p. 94.

población inmigrante, ya que entiende que inmigrantes y nativos, por muchas diferencias culturales que puedan tener, están capacitados para interactuar de forma fluida y pacífica, manteniendo una actitud no adversarial ante los conflictos.

Partiendo del hecho sociológico en que en un escenario concreto existen diferentes grupos culturales, con uno mayoritario y otro minoritario, la interculturalidad promueve la igualdad de derechos de toda la ciudadanía, así como el igual respeto a todas las culturas. Ello implica el reconocimiento hacia todas las culturas presentes en el territorio, la valoración positiva de la relación recíproca que establecen y una comunicación intercultural basada en la igualdad, la no discriminación y el respeto a la diversidad[77]. Además, este modelo ofrece una perspectiva dinámica del fenómeno cultural, abandonando los esencialismos sobre las culturas que son propios del asimilacionismo y el multiculturalismo. Las culturas se construyen socialmente en la interacción entre grupos humanos, lo que implica que ninguna cultura es estática, lo que es una premisa necesaria para reconocer la posibilidad de la interacción

El modelo intercultural, en lugar de sustituir el multiculturalismo, lo que hace es ampliarlo y tratar de subsanar sus limitaciones. Por ello, en la transición que supone el paso del uno al otro, la tolerancia es progresivamente ampliada hacia el entendimiento. Ya no es suficiente con el respeto pasivo hacia el otro, sino que se debe construir un modelo de convivencia en el que se gestionen positiva y pacíficamente los desacuerdos que se produzcan en un escenario de diversidad cultural. La interculturalidad no parte del aislamiento entre culturas, sino del intercambio cultural. La interculturalidad es un modelo relacional fundando en el contacto y la interacción entre grupos culturales, étnicos, religiosos o lingüísticos diferenciados.

Su objetivo, como se ha dicho, es lograr la convivencia armónica en un estado de diversidad cultural, pero al mismo tiempo es el marco ideal donde puede tener lugar una inclusión social de la población inmigrante, consolidando la cohesión social. Aquí es conveniente señalar que el modelo de la interculturalidad reconoce que la inclusión social es un proceso de adaptación mutua entre nativos e inmigrantes, entre sociedad receptora y nuevos habitantes. No solo depende de los inmigrantes trabajar en la inclusión social, sino que es una tarea compartida de toda la población ofrecer un marco en el que la convivencia intercultural se pueda producir. De lo contrario, la inclusión social se vuelve una quimera en la que las múltiples desigualdades (marginalización, aislamiento, exclusión residencial, discriminación laboral, etc.) amenazan con alimentar conflictos fundamentados en la dominación estructural de unos grupos sobre otros, quebrando la posibilidad de la paz, positiva o negativa.

[77] Giménez y Lorés, *op. cit.*

El modelo intercultural de gestión de la diversidad, además, se relacionan con las dimensiones de la ciudadanía, tal y como las describe Ricard Zapata[78]. Existen tres grandes dimensiones: la liberal, la comunitaria y la republicana. La dimensión liberal de la ciudadanía se basa en preservar el principio de igualdad en sociedades diversas, de forma que el objetivo es asegurar la igualdad de oportunidades más allá de los hechos culturales diferenciados de los grupos que conforman la sociedad. La dimensión comunitaria, por su parte, entiende a la ciudadanía como una construcción de comunidad en el que se busca establecer una identidad común compartida y un sentimiento de pertenencia para los miembros de la sociedad. La dimensión republicana, además, pone el énfasis en la participación ciudadana, los deberes cívicos y las prácticas comunes que pueden dar lugar a una cultura cívica compartida por los habitantes de la sociedad. La gestión intercultural de la diversidad, entonces, trata de armonizar estas tres dimensiones como una forma de orientar la interacción social hacia la convivencia.

El modelo de la interculturalidad tiene presencia en el área geográfica de Europa occidental, exceptuando el mundo anglosajón, donde el multiculturalismo ha sido la norma. Si el multiculturalismo del mundo anglosajón funciona como base para gestionar la diversidad de colectivos basados en elementos étnicos o culturales, pero también según razón de género, de clase o de discapacidad, la interculturalidad de Europa se ha mantenido restringida a la gestión entre la población nativa y la población inmigrante que conforme grupos étnica y/o culturalmente diferenciados del mayoritario.

A nivel de disciplina, la interculturalidad aparece, primero, en los campos de la educación, la comunicación y la mediación comunitaria como una forma de no conformarse con medidas parciales para hacer frente a la dificultad que supone alcanzar la convivencia en contextos de diversidad cultural. La interculturalidad, así, presupone la convivencia, al mismo tiempo que la promueve. Estas dos formas de interacción se retroalimentan, forjando una forma de interacción social pacífica y democrática, caracterizada por la activa participación de todos los habitantes. El modelo de la interculturalidad, en esta línea, entiende que la convivencia se fundamenta en la reciprocidad y el esfuerzo de todas las partes (individuos y grupos). Lograr la inclusión social de grupos culturales minoritarios es tarea de todos, no solo de esos grupos. El grupo cultural mayoritario y dominante también debe contribuir, mediante la adaptación, a ese proceso de inclusión que demanda la interculturalidad.

[78] Zapata, *op. cit.*

Uno de las críticas que se han hecho al modelo de la interculturalidad es que puede olvidar la dimensión económica, social y jurídica en su despliegue[79]. Esta forma de reivindicar la interculturalidad ha sido denominada «interculturalidad funcional», en tanto reproduce el orden social vigente con sus relaciones de explotación y dominación, pero intentando alcanzar un estado de relaciones pacíficas[80], algo que, como se señalaba con Galtung, o bien se limita a una paz negativa (donde la convivencia no se está produciendo), o bien debe promover la ausencia de violencia y dominación estructurales para alcanzar una paz positiva. En muchas ocasiones, la interacción entre grupos culturales en escenarios diversos se produce en un plano de desigualdad y jerarquía, lo que hace cierto que, si las actuaciones no se combinan con una intervención sobre estos determinantes sociales, el modelo intercultural nunca podrá desplegar realmente el principio de igualdad a nivel individual y grupal. Igualmente, toda convivencia que se establezca sobre un marco de desigualdad social es débil y tiene un riesgo real de deteriorarse, transitando hacia la mera coexistencia. Por ello, la apuesta por una convivencia intercultural debe ir de la mano con la promoción de una democracia comunal, donde los privilegios sean progresivamente eliminados hasta alcanzar un estadio en el que las desigualdades sociales (que no las diferencias) queden abolidas de la sociedad. Así, cualquier propuesta intercultural debe comprender el reconocimiento positivo y respeto de la diversidad cultural, la persecución de una igualdad real de derechos, deberes y oportunidades de todas las personas y el fomento del vínculo y la interacción positiva entre todas las culturas presentes y en condiciones de igualdad.

Sin embargo, la tendencia de algunos sectores de la sociedad actual bajo la hegemonía política, económica y cultural del neoliberalismo, con todo, es a alejarse cada vez más del paradigma de la interculturalidad y la convivencia. En un contexto de aumento de los flujos migratorios, de aumento de la desigualdad, de atomización de los individuos y de exacerbación de la competencia, la forma de gestión de los conflictos penal y punitiva que domina la escena en la actualidad contribuye a la aparición de discursos discriminatorios contra grupos sociales como los inmigrantes, las mujeres, el colectivo LGTBIQ+ y demás[81].

Desarrollando esta afirmación, se sostiene que las lógicas que dominan las sociedades contemporáneas, en lugar de promover la interacción entre diferentes y desde el entendimiento, refuerza el aislamiento entre individuos y la competi-

---

[79] Malgesini y Giménez, *op. cit.*, p. 257.

[80] Zuchel, Lorena y Henríquez, Nicole, «Una crítica a la interculturalidad desde la interculturalidad crítica», *Hermenéutica Intercultural*, vol. 33, 2020, pp. 95-96.

[81] Ipar, Ezequiel, «Neoliberalismo y neoautoritarismo», *Política y Sociedad*, vol. 55, 2018, n.º 3, p. 847.

tividad. En un contexto de diversidad cultural y desigualdad social, estas lógicas contribuyen a la búsqueda de culpables en los recién llegados, siendo un discurso frecuente aquel que, desde coordenadas xenófobas, plantea que la llegada de inmigrantes deja sin empleo a la población nativa, resumido en la afirmación de que «los inmigrantes nos quitan el trabajo». Por su parte, la gestión punitiva y autoritaria del conflicto social que se ha venido desplegando en estos contextos no hace más que reforzar estos discursos.

Al utilizar el castigo como prácticamente única herramienta reactiva para finalizar los conflictos que emergen necesariamente de la interacción social, su efecto es que las condiciones que permitieron el conflicto sigan vigentes y, al mismo tiempo, al ser un castigo con un importante sesgo étnico[82], contribuye a la idea de que las personas extranjeras no se merecen las oportunidades de las que puedan gozar, bien sea porque «son ilegales» (o sea, están en una situación administrativa irregular), bien porque «son delincuentes».

En los siguientes capítulos se discutirá sobre algunas de las derivas más problemáticas de esta lógica social, unas derivas que no son nuevas, en tanto se han producido y se producen de forma repetida en la historia contemporánea, pero que deben ser atendidas como manifestaciones actuales de aquellos factores que imposibilitan un proyecto democráticamente avanzado. Concretamente, se atenderán a los idearios de odio y a los procesos de radicalización que, debe notarse, no son las únicas barreras y amenazas para la construcción de una sociedad de libres e iguales, pero si las más relevantes en el punto de mira de la opinión pública. Si se centra la atención en estos fenómenos es porque conectan con la interacción en el espacio público, especialmente con aquella derivada de la diversidad cultural. La construcción de una situación de convivencia intercultural, entre otras cosas, pasa por esa gestión alternativa (positiva y pacífica) de los conflictos sociales, lo que necesariamente implica contrarrestar las doctrinas de odio y la prevención de la radicalización. El primer paso es conocer aquello que se quiere minimizar, evitar y superar y cambiar el paradigma de actuación de los poderes públicos de reactivo a preventivo y proactivo.

---

[82] Véase, como ejemplo, el informe de SOS Racismo en 2018 sobre las identificaciones por perfil étnico en Cataluña. Los datos indican que, por cada persona española identificada por la policía, el cuerpo de seguridad identificaba a más de 7 personas extranjeras. Dicho de otra forma, el 19,6% de las personas extranjeras que habitan el territorio son identificadas, mientras que las personas españolas identificadas por la policía son solo el 2,6% del total. SOS Racismo, *Parad de pararme. La apariencia no es motivo. Identificaciones policiales por perfil étnico en Cataluña. Informe 2018*, 2018.

IV

IDEARIOS DE ODIO

Si el objetivo de sociedades democráticamente avanzadas en lo relativo a la interacción social es encaminarse hacia la convivencia intercultural, los idearios de odio representan una de las principales barreras para conseguirlo. En este capítulo se reflexiona sobre esta barrera, cuál es su naturaleza social y jurídica y cómo entra en relación con los diferentes modos de interacción social, gestión de los conflictos sociales y gestión de la diversidad.

Antes de analizar el fenómeno, ha de aclararse que un discurso de odio y un delito de odio no son lo mismo, aunque sin duda muchas veces convergen. El discurso de odio es un fenómeno de naturaleza social, en el sentido de emergente de las relaciones que establecen las personas, mientras que el delito de odio es, más concretamente, de naturaleza jurídica (que no está por fuera de lo social, pero representa un campo más delimitado), de modo que depende de su codificación legal. Por ello, en los siguientes epígrafes se analizan por separado ambas cuestiones, estableciendo las conexiones entre ellas cuando sea preciso.

Estos conceptos, complejos por sí mismos, cuentan con la dificultad añadida de que no siempre se han utilizado las mismas palabras para referirse al mismo fenómeno. Partiendo de la forma general que adoptan los discursos de odio como expresión ofensiva hacia algún grupo racial, étnico, religioso o nacional, hasta los años 30 del siglo XX se utilizaba el concepto de «odio racial» (*hate race*). A partir de los años 40, este concepto se abandona, pasando a utilizarse el de «difamación de grupo» (*group libel*), ya que, aunque se reconocía que este tipo de expresiones ofensivas se podían dirigir a un individuo, su contenido afectaba a todo un grupo social.

Hasta los años 80 del siglo XX no se populariza el concepto de «discurso de odio» (*hate speech*), en tanto que las expresiones ofensivas se habían ido regulando legalmente[83], lo que conllevó la ampliación de su contenido a otras categorías sociales que van más allá de la raza, la etnia, la nacionalidad o la religión. Concretamente, algunas de las cuestiones que se empezaron a recoger legalmente dentro de este concepto son el género o la orientación sexual[84]. El término nació en el mundo de los estudios jurídicos estadounidenses, concretamente de partidarios de la Teoría Crítica Racial. Estos autores, aunque dieron fundamento a la ampliación de los grupos sociales afectados por este tipo de discursos, señalaron que no todos los grupos son susceptibles de sufrirlo. Los grupos sociales que pueden ser víctimas del discurso de odio son aquellas en una situación de opresión sistémica a lo largo del tiempo y que se sigue reproduciendo en la vida cotidiana, tanto que puede haber sido normalizada e internalizada por los propios grupos que la experimentan.

De todas formas, aquí se utiliza el concepto más amplio de idearios de odio, no solo como una forma de agrupar discursos y delitos de odio, sino como una forma de dar nombre a las ideas sociales que sustentan estos fenómenos. Los idearios de odio pueden ser entendidos como ideologías, esto es, como un conjunto de creencias, valores y normas que configuran la visión del mundo de un individuo o grupo social. Las ideologías se caracterizan por dar explicaciones más o menos completas al mundo social de las personas, por lo que siempre remite a la sociedad en la que existen. Incluso cuando las ideologías apuntan hacia otras formas de sociedad distintas, lo hacen desde el prisma de la sociedad en que emergen, con la idea de mejorarla, suprimirla, superarla o cualquier otro proceso de transformación.

Los idearios de odio, aunque se pueden entender como ideologías, no son cualquier tipo de ideología política genérica como pueden ser el liberalismo, el socialismo o el conservadurismo. La característica que distingue a los idearios de odio con respecto a otras ideologías es que es netamente adversarial y discriminatoria, de forma que legitima, justifica y promueve la violencia (en diferentes grados y formas) contra grupos concretos que están en una situación de subordinación estructural. Aunque algunas ideologías promueven la dominación estructural, justificando su existencia y elaborando argumentaciones en favor de las jerarquías de la estructura social, ello no las convierte en idearios de odio, pues falta el componente de la promoción, justificación y legitimación de la violencia contra

---

[83] Como se puede apreciar, distinguir entre discurso de odio y delito de odio (*hate crime*) tiene la dificultad añadida de que son conceptos que aparecen de forma pareja en el mundo jurídico, generalmente para señalar que aquello constituyente del delito de odio es la existencia de un discurso de odio.

[84] Galcerán Vercher, Marta, «La conceptualización de los discursos de odio en la Unión Europea», en Bañón, Rafael y Tamboleo, Rubén, *La modernización de la política y la innovación participativa*, Madrid, GOGEP Complutense, 2014, p. 243.

los grupos jerárquicamente subordinados. De la misma forma, aquellas ideologías que legitiman, justifican y/o promuevan la violencia no son directamente idearios de odio si el objeto de la violencia no es un grupo discriminado y no se pretende reproducir la dominación estructural.

1. DISCURSOS DE ODIO

En el presente epígrafe se hace un repaso a qué son los discursos de odio y cómo emergen de los idearios de odio que pueden promover algunos grupos en las distintas sociedades. Un discurso de odio, a diferencia de un ideario de odio, no se refiere directamente a la ideología en general, sino a la forma en que las ideas se comunican y expresan mediante el lenguaje (verbal o no verbal, escrito u oral).

Los discursos de odio pueden entenderse como una manifestación de la comunicación violenta, que hace referencia a cualquier expresión que se pueda entender como violenta, independientemente de si existe discriminación en ella. Lo que caracteriza este tipo de expresiones de comunicación violenta es la violencia (sea física, psicológica o moral) y se puede manifestar de cuatro formas:

(1) incitación a la violencia física que no sea por motivos discriminatorios,

(2) daño al honor o a la dignidad de personas concretas,

(3) comportamiento ofensivo para la sociedad, aunque no se dirija a nadie específico,

(4) discurso de odio, que incita a la violencia física por motivos discriminatorios.

El discurso de odio, entonces, es una forma en que se concretiza la comunicación violenta, siendo la incitación a la violencia física (esto es, a la violencia directa en la tipología de Galtung) y la discriminación sus objetivos[85]. Las acciones comunicativas concretas que contiene el discurso del odio son la incitación al odio, al desprecio, a la discriminación y a la violencia, la incitación a negar o justificar públicamente crímenes de genocidio o crímenes de lesa humanidad, amenazas, insultos, ridiculizaciones, calumnias, propagación de ideas discriminatorias y participación en organizaciones y actividades que promuevan la discriminación[86]. Estos elementos no se producen normalmente de forma simultánea, pero son todas acciones que se relacionan con los discursos de odio.

---

[85] Miró Llinares, Fernando, «Taxonomía de la comunicación violenta y el discurso de odio en internet», *IDP, Revista d'internet, dret i política*, vol. 22, 2016, p. 107.

[86] Sponholz, Liriam, «Hate speech and deliberation: Overcoming the "words-that-wound" trap», en Pérez-Escolar, Marta y Noguera-Vivo, José Manuel (eds.), *Hate Speech and Polarization in Participatory Society*, Nueva York, Routledge , 2020, p. 52.

Desde este marco genérico, es importante atender a la Recomendación N.º R (97) 5, de 13 de febrero de 1997 del Comité de Ministros del Consejo de Europa, pues ofrece una definición de discurso de odio que ha funcionado como base para identificar este tipo de discursos y, especialmente, para legislar sobre ellos:

> (...) toda forma de expresión que propague, incite, promueva o justifique el odio racial, la xenofobia, el antisemitismo u otras formas de odio basadas en la intolerancia, incluyendo la intolerancia expresada por el nacionalismo agresivo y etnocentrismo, la discriminación y la hostilidad contra las minorías, los inmigrantes y las personas de origen inmigrante.

Esta definición, aunque importante, se encuentra limitada desde el momento en que restringe los discursos de odio a aquellas expresiones relacionadas con la raza, la etnia, la nacionalidad y la religión. En los últimos años este enfoque se ha venido ampliando, reconociendo que los discursos de odio abarcan un amplio espectro de fenómenos sociales que desborda los aquí recogidos. Concretamente, algunas de las categorías que más se han reivindicado como susceptibles de ser el objeto de los discursos de odio son el género, la identidad sexual y la orientación sexual. Los discursos que pretenden discriminar e incitar hacia la violencia, por tanto, no se reducen a grupos étnicos, nacionales, raciales o religiosos, sino que pueden producirse hacia las mujeres, las personas homosexuales, las personas transgénero, etc.

En los discursos de odio se produce una estructura de interacciones entre diferentes agentes que constituyen lo que se ha venido a denominar «triángulo del odio»[87]. El triángulo del odio implica la existencia de tres agentes en relación recíproca: el promotor del odio, el grupo diana de ese odio y una audiencia del odio. El promotor del odio es el sujeto activo que lleva a la concreción material los idearios de odio, expresando sus ideas en el formato que sea y dirigiéndose contra un grupo concreto. El grupo diana del odio es, en este triángulo, el sujeto pasivo, pero debe contar con una serie de características que lo diferencien del promotor del odio y el grupo al que pertenece o al que dice representar. Esta diferenciación, en el ideario de odio y el discurso de odio funciona como base para establecer un proceso de jerarquización entre el grupo del promotor del odio y el grupo diana. Este proceso, a su vez, permite la construcción y difusión de estereotipos y prejuicios negativos sobre el grupo diana, los cuales suelen expresarse en el discurso[88].

---

[87] Temperman, Jeroen, «Blasphemy versus incitement: an international law perspective», en Beneke, Christopher, Grenda, Christopher y Nash, David (eds.), *Profane: Sacrilegious Expression in a Multicultural Age*, Oakland, University of California Press, 2014, p. 287.

[88] Cámara Arroyo, Sergio, «El concepto de delito de odio y su comisión a través del discurso. Especial referencia al conflicto con la libertad de expresión», *Anuario de derecho penal y ciencias penales*, vol. 70, 2017, n.º 1, p. 181.

Debe notarse que el grupo no tiene por qué promover el odio, aunque el promotor lo haga en su nombre. Si una persona blanca (o de cualquier otra etnia) emite un discurso de odio contra la población asiática, esto no implica que el conjunto de la población blanca sea el promotor del odio. La persona que emite el discurso, eso sí, puede tender a erigirse como «tribuno de la plebe» y representante no electo de la población blanca, siendo el encargado de expresar su supuesto sentir colectivo. Aún en este caso, no se debe considerar promotor del odio al conjunto del grupo de la población blanca. Un grupo formalmente organizado del que forme parte el promotor del odio sí podría considerarse como promotor del odio, siempre que comparta el ideario de odio que motiva el discurso.

La audiencia del discurso del odio es el tercer agente del triángulo y es un sujeto que recibe el discurso, aunque generalmente no se le apela directamente, pero se establece un procedimiento para incitarlo a la violencia y a la socialización en el ideario de odio. En general, se distinguen dos tipos de incitación a la violencia. Hay un primer tipo de incitación a la violencia que estimula directamente a la audiencia a actos concretos de violencia y discriminación contra el grupo diana. Hay un segundo tipo de incitación a la violencia que promueve actitudes hostiles entre la audiencia, las cuales podrían terminar derivando en actos explícitos de violencia y/o discriminación[89]. Mientras el primer tipo de incitación busca que las acciones violentas se produzcan de forma directa, el segundo tipo las promueve de forma indirecta, generando el clima apropiado para ello. Aunque la intensidad es distinta, ambos tipos son elementos constitutivos de un discurso de odio. De hecho, la Comisión Europea contra el Racismo y la Intolerncia (CERI) señala que estos tipos de incitación son elementos alternativos y la presencia de uno de ellos, además del resto de factores propios del discurso de odio, es suficiente para hablar de discurso de odio[90].

Otro elemento que define a los discursos de odio es el objetivo de que se ataque a un grupo concreto, el grupo diana, pretendiendo que se desencadenen acciones violentas contra él. Este objetivo suele aparecer en el discurso mediante la apelación a cuestiones morales o éticas que lleven a justificar la necesidad de los ataques violentos[91]. En este proceso, el grupo diana es definido como «enemigo», siguiendo la lógica de diferenciación de «amigo-enemigo» teorizada por Carl Schmitt[92], uno

---

[89]   Alcácer Guirao, Rafael, «Discurso del odio y discurso político. En defensa de la libertad de los intolerantes», *Revista electrónica de ciencia penal y criminología*, vol. 14, 2012, n.º 2, p. 16.

[90]   Rollnert Liern, Göran, «El discurso del odio: una lectura crítica de la regulación internacional», *Revista española de derecho constitucional*, vol. 15, 2019, p. 98.

[91]   Esquivel Alonso, Yéssica, «El discurso del odio en la jurisprudencia del tribunal europeo de derechos humanos», *Revista mexicana de derecho constitucional*, vol. 35, 2016, p. 25.

[92]   Schmitt, C., *El concepto de lo político*, Madrid, Alianza Editorial, 2009.

de los pensadores más influyentes del Movimiento Revolucionario Conservador. La diferenciación amigo-enemigo sería, en esta línea de pensamiento, aquello que define la identidad de los pueblos en oposición a otros, estableciendo un fundamento para las relaciones políticas. El enemigo es siempre un enemigo público, un grupo de personas (o un pueblo entero), el cual no es un mero adversario o un grupo contra el que se manifiesta antipatía, sino un grupo contra el que existe una posibilidad real de oponerse en forma de combate. La identificación del enemigo, a su vez, permite al amigo reproducirse histórica, moral y culturalmente, es decir, permite que el amigo siga conformándose como un «nosotros».

Los discursos de odio asumen esta forma de interpretar las relaciones sociales, generando un nosotros (el amigo) en oposición violenta a otro (el enemigo). En este contexto, un elemento importante de los discursos de odio es que tengan una capacidad real de incitar a la violencia, ya sea en el primer o segundo tipo mencionados. Su importancia reside en la capacidad del mensaje de llegar a la audiencia y tener un efecto movilizador sobre ella, en tanto contribuye o no a tensionar la sociedad en que se emite. Para atender a la capacidad de movilización de los discursos de odio hay una serie de factores que pueden ser de ayuda en su comprensión. Estos pueden considerarse factores que intensifican el discurso de odio, pero son elementos variables, no necesariamente constitutivos de todos los discursos de odio. Habría tres: la capacidad de influencia del emisor del discurso (lo que viene determinado por su estatus en la sociedad, su aceptación en la comunidad, etc.), la naturaleza y contundencia del lenguaje y la frecuencia del discurso (si se trata de un hecho recurrente o un hecho puntual).

A estos debe añadírsele un cuarto factor que, siendo intensificador de los discursos de odio, también debe considerarse constituyente de los mismos. Este factor es el relativo al contexto en el que se produce un discurso de odio. Es un factor intensificador porque un discurso de odio tendrá una mayor capacidad de movilización de la audiencia a la violencia en contextos sociales en los que existan tensiones graves con respecto a ese discurso de odio. Un ejemplo de ello es el discurso contra la población negra en Estados Unidos, con todo el historial de segregación que se ha producido en el país contra ella y con los episodios de institucionalizado que en la actualidad ocurren (especialmente la violencia policial, con casos como el asesinato de George Floyd en 2020). En este caso, un discurso de odio intensificaría sus posibilidades de movilizar a la audiencia en clave racista contra la población negra, debido a un contexto de tensiones ya existente.

De igual forma, se considera a este factor constituyente de los discursos de odio porque estos emergen de la interacción social. Son los conflictos y las tensiones existentes en la sociedad lo que funcionan de base para que se produzcan discursos de odio contra un grupo diana determinado. La racionalización de idearios de odio y su manifestación mediante discursos de odio tiene como fundamento la propia interacción social de las personas en el espacio público y la forma en que se gestionan los conflictos.

En este espacio público deben incluirse las redes sociales, que han facilitado la aparición y propagación de estos discursos de odio, especialmente mediante la difusión de imágenes y fenómenos impactantes y, a menudo, gozando de la impunidad del anonimato. Un ejemplo es el «Efecto Tarrant», que es cómo se ha denominado al efecto divulgador de discursos de odio y de acciones de odio (en este caso de terrorismo) a partir del atentado de Brenton Tarrant en las mezquitas de Christchurch, Nueva Zelanda, que se saldó con el asesinato de 51 personas. Tarrant divulgó su manifiesto, «El gran reemplazo», justificando su ideología y sus acciones, lo que llevó a que otros atentados terroristas de extrema derecha se inspirasen en él. Además de servir para divulgar estos ataques fundamentados en el odio, las redes sociales también contribuyen a la socialización en idearios de odio, como manifiesta el propio Tarrant en su manifiesto, refiriéndose especialmente a la red social 8chan.

Las redes sociales, así como los efectos de la globalización, han provocado que los tipos de discursos de odio que se pueden difundir en una sociedad se hayan ampliado considerablemente. Al aumentar la diversidad cultural de los territorios y facilitarse el acceso a la discusión pública, estos discursos han tenido un terreno fértil para emerger y propagarse. No es que la diversidad cultural y la discusión pública sean negativas, sino la gestión de ambos procesos lo que permite la difusión de discursos de odio. En primer lugar, un contexto de profundas desigualdades sociales afectando a múltiples colectivos, una gestión punitiva del conflicto y una racionalidad atomizante permiten la emergencia de estos discursos. En segundo lugar, los discursos de odio se alimentan de unas plataformas tecnológicas que, como explica Andrew Marantz[93], facilitan la simplificación de los discursos, el estilo directo, el sensacionalismo y la polémica porque producen mayores beneficios económicos. La discusión pública en una estructura de este tipo dificulta gravemente los discursos positivos.

Se pueden establecer así una serie de factores que constituyen los discursos de odio, siendo algunos definidores del mismo y otros intensificadores. En cuanto a los criterios definidores aparecen:

- La existencia de características diferenciadas entre el promotor del odio y el grupo diana (como el origen étnico, el género, la religión, etc.).
- La caracterización en el discurso de «enemigo» del grupo diana.

---

[93] Marantz, Andrew, *Antisocial: la extrema derecha y la libertad de expresión en internet*, Madrid, Capitán Swing, 2021.

- El establecimiento en el discurso de una jerarquía entre el grupo diana (subordinado) y el grupo en que se inscribe el promotor del odio (superior).
- Tener como objetivo con el discurso incitar a la audiencia a ataques violentos contra el grupo diana.
- La existencia de tensiones sociales en la sociedad con respecto al discurso de odio.

Por su parte, los factores que pueden intensificar el discurso de odio, haciéndolo más susceptible de incitar eficazmente a ataques violentos contra el grupo diana son los siguientes:

- La capacidad de influencia en su entorno social del promotor del odio.
- La utilización recurrente de mensajes de odio contra el mismo grupo diana.
- La utilización de un lenguaje contundente y especialmente violento al emitir el discurso.

2. DELITOS DE ODIO

Habiendo visto qué son los discursos de odio y cuáles los factores que los componen, a continuación, se discute sobre los delitos de odio. Para acercarse a la dimensión del fenómeno, puede ser importante prestar atención a algunos datos de delitos de odio en España en los últimos años, de acuerdo al Ministerio de Interior. Cabe decir que estos datos siempre están limitados, pues todo lo que se sentencia no es todo lo que sucede, pero puede ayudar a la formación de una idea aproximada de lo que ocurre con los delitos de odio. En 2020, el número total de sentencias por delitos e incidentes de odio fue de 1401, siendo los casos más repetidos los de o xenofobia (34%), ideología (23%) y orientación sexual o de género (20%). En 2021, por su parte, el número total de delitos e incidentes de odio ascendió a 1802, siendo los casos más repetidos los de o xenofobia (35%), orientación sexual o de género (26%) e ideología (18%). En 2022, a su vez, los delitos e incidentes de odio en España aumentaron hasta los 1869 casos, siendo los más frecuentes los casos de o xenofobia (40%), orientación sexual o de género (24%) e ideología (13%) [94]. En general, la motivación de los delitos se concentra de manera masiva en estas tres categorías, probablemente en parte por la generalidad de las mismas (sobre todo o xenofobia e ideología).

Teniendo en cuenta las estadísticas, siempre incapaces de captar la totalidad de un fenómeno, se presta ahora atención a cómo se tipifican y regulan jurídicamente las expresiones de los idearios de odio en España, recorriendo, primero, el marco general que ha supuesto la legislación europea. Al igual que en los discursos de odio, los delitos de odio no se constituyen por las acciones afectivas de

---

[94] Ministerio del Interior, *Informe sobre la evolución de los delitos de odio en España*, 2022, p. 10.

los involucrados, sino porque la víctima es elegida por su pertenencia a un grupo concreto y la motivación de las acciones es el odio, el prejuicio, la hostilidad y la discriminación. La forma en que esto acaba expresado en los textos jurídicos, con todo, es muy variable, por lo que requiere de una exposición de los factores que constituyen los delitos de odio y los debates jurídicos que estos suscitan.

A nivel jurídico, la investigación sobre los delitos de odio ha planteado amplias dificultades sobre su naturaleza, sobre qué tipo de expresiones operan dentro de los límites de la libertad de expresión y cuáles constituyen delitos de odio. En general, se ha partido de la definición arriba citada del Comité de Ministros del Consejo de Europa de 1997. La ciencia jurídica ha mostrado preocupación por diferenciar los discursos de odio de los delitos de odio, apuntando en ocasiones a que el discurso de odio incita un sentimiento, mientras que el segundo incita a la violencia, discriminación e intimidación de otras personas[95]. Es cierto que deben diferenciarse ambos conceptos, pero este tipo de distinción es demasiado tajante, en tanto diferencia radicalmente el discurso del odio y el delito de odio como fenómenos separados. Los discursos de odio, generalmente, fundamentan los delitos de odio, siendo la forma en que se difunden idearios que incitan a la acción violenta y no únicamente al sentimiento de desprecio y hostilidad contra el grupo diana.

El punto de referencia para la comprensión de lo que es un delito de odio y lo que no en la naturaleza jurídica es la doctrina del Tribunal Europeo de Derechos Humanos (TEDH). Igualmente, aun cuando no se considera adecuada su propuesta, la discusión se establece a partir de la misma, lo que dota de gran centralidad a la hora de comprender este fenómeno jurídico. Este tribunal internacional considera que el delito de odio puede venir motivado por distintos tipos de discurso, señalando: el discurso de odio por motivos étnicos y raciales, el discurso de odio por motivos religiosos, la apología del delito, la violencia y la hostilidad y el discurso negacionista (aquí se situaría el discurso que niega parcial o totalmente los sucesos del Holocausto)[96]. Este tipo de definición de los delitos de odio ha sido criticado por establecer una «jerarquía de la identidad», donde algunos grupos son incluidos en la legislación sobre delitos de odio, mientras otros son excluidos, lo que ha llevado a campañas de activistas, políticos y otros agentes para demandar una extensión de los límites del delito de odio, incluyendo a otros grupos que también experimentan discriminación, violencia y hostilidad por su condición social[97].

---

[95] Cámara Arroyo, *op. cit.*, p. 153.

[96] Esquivel Alonso, *op. cit.*, pp. 27 y ss.

[97] Chakraborti, Neil, «Framing the boundaries of hate crime», en Hall, Nathan, Corb, Abbee, Giannasi, Paul y Grieve, John (eds.), *The Routledge International Handbook on Hate Crime*, Nueva York, Routledge, 2015, p. 16.

Un elemento que se ha utilizado en la doctrina jurídica para determinar qué discursos de odio pueden ser considerados como delitos de odio es la distinción entre dos tipos: un tipo de discursos de odio que implican una amenaza a futuro para la integridad física del grupo diana discriminado y un tipo de discursos de odio que no implican a futuro una amenaza de que el grupo objeto de la discriminación sufra violencia física. A su vez, el TEDH ha desarrollado el llamado «Test de Estrasburgo» para analizar los discursos de odio que podían constituir un delito de odio, ofreciendo una batería de parámetros a tener en cuenta a la hora de restringir la difusión de un discurso.

Los parámetros que utiliza son: analizar la materia sobre la que versa el mensaje (atendiendo a su relevancia, si bien la restricción al mismo puede variar, siendo mayores las posibilidades de restricción de mensajes menos relevantes), determinar el emisor del mensaje (cuando es un representante político, la restricción es menor), aclarar la intención del emisor del mensaje (si la motivación es discriminar, la restricción será mayor), determinar el grupo diana del discurso (la probabilidad de restricción es mayor cuando el grupo diana es un grupo protegido por la jurisprudencia sobre delitos de odio), atender al ámbito geográfico en que se difunde el mensaje (siendo mayores las probabilidades de restricción cuando se produce sobre asuntos que en un lugar concreto son especialmente delicados, como el caso mencionado de la discriminación contra los negros en Estados Unidos) y estudiar el canal utilizado para difundir el mensaje (en canales donde la reacción es rápida, la restricción es menor, y en canales donde existe la posibilidad de que el emisor se retracte, la restricción al mismo también es menor)[98]. En España, el Ministerio del Interior considera que un delito de odio es:

> Cualquier infracción penal, incluyendo infracciones contra las personas o las propiedades, donde la víctima, el local o el objetivo de la infracción se elija por su, real o percibida, conexión, simpatía, filiación, apoyo o pertenencia a un grupo (…) basado en una característica común de sus miembros, como su raza real o perceptiva, el origen nacional o étnico, el lenguaje, el color, la religión, el sexo, la edad, la discapacidad intelectual o física, la orientación sexual u otro factor similar[99].

De acuerdo con esta definición, el delito de odio consiste en un hecho amplio, donde cualquier infracción contra una persona o bien por pertenecer, simpatizar, apoyar, etc. a un grupo determinado es constitutiva del delito. Además, los grupos que se mencionan suponen una definición que recoge prácticamente toda la

---

[98] Díaz Bueso, Laura, «Discurso del odio en las redes sociales: la libertad de expresión en la encrucijada», *Revista catalana de dret públic*, vol. 61, 2020, pp. 58-62.

[99] Ministerio del Interior, «¿Qué es un delito de odio?», *Ministerio del Interior*. Consultado el 25 de junio de 2023.

variedad de discriminaciones que pueden existir en la sociedad, dejando abierta la puerta a ampliar la lista, al referirse a que pueda ser algún otro factor similar a los mencionados. Para hablar de delito de odio, la legislación española, al igual que la de otros países a nivel europeo, entiende que primero debe haberse producido una infracción de base, es decir, un hecho genéricamente delictivo. Segundo, este hecho delictivo debe afectar a algún bien jurídico (la libertad, la posesión de bienes, la integridad física, etc.) de una o más personas por alguna característica protegida (aquí es donde entran las categorías sociales mencionadas).

En lo que se refiere a su efectiva protección jurídica, la reforma del Código Penal de 2015 afectó considerablemente a la tipificación de los delitos de odio, introduciéndose una reforma menor en 2022. El texto original de 1995 planteaba una pena de prisión de uno a tres años y multas de seis a doce meses. En este texto, el hecho penado era la discriminación, el odio y la violencia contra grupos o asociaciones por su condición, incluyendo aquí una gran variedad de categorías sociales.

En 2015, estos hechos se concretizan en múltiples supuestos, distinguiendo, por un lado, penas de prisión de uno a cuatro años y multas de seis a doce meses por la incitación al odio, discriminación, hostilidad o violencia contra un grupo, una parte del mismo o una persona por su condición social (en la variedad de categorías mencionadas); por la producción, elaboración o posesión para la distribución de material que incite al odio, la discriminación, la hostilidad o la violencia contra personas por su condición social; y por la negación, trivialización o enaltecimiento públicos de delitos de genocidio, lesa humanidad, contra las personas y bienes protegidos en casos de conflicto armado. A su vez, se establecen penas menores, con prisión de seis meses a dos años y multa de seis a doce meses a quienes lesionen la dignidad de una persona mediante la humillación, menosprecio o descrédito de alguno de los grupos arriba mencionados; y a quienes enaltezcan o justifiquen públicamente los delitos contra un grupo de los mencionados por su condición social.

Lo que esta reforma indica es, en parte, la mayor preocupación por los incidentes de odio en la sociedad, que se reflejan con una adaptación del Derecho Penal a esta nueva situación social. Es de destacar que se considera un motivo para imponer las penas superiores la difusión por internet de estas conductas. Sin duda, reprimir los incidentes de odio contra grupos sociales que históricamente han sufrido discriminación de múltiples formas es una parte necesaria para minimizar la difusión de estos idearios y evitar las situaciones de violencia contra estos grupos. Con todo, son medidas insuficientes para hacer frente a la propagación de los idearios de odio y a la socialización en tesis favorables a la paz, los derechos humanos, la libertad y la igualdad. Ante ello, el Ministerio de Interior ha desplegado un plan de acción contra los delitos de odio que incluye una serie de medidas a partir de cuatro líneas de actuación: formación de las Fuerzas y Cuerpos de Seguridad del Estado sobre delitos de odio, prevención de los incidentes y delitos de odio atención a las víctimas de delitos de odio y respuesta eficaz y con rigor ante este tipo de incidentes y delitos. Estas medidas son importantes para actuar contra los incidentes de odio, pero, tal y como se viene sosteniendo, estos fenómenos tienen un carácter estructural que debe implicar una estrategia integral contra la desigualdad que experimentan los colectivos protegidos ante estos incidentes.

Asumiendo la relación existente entre discursos de odio y delitos de odio tal como hace la doctrina del TEDH, el problema jurídico a resolver ha sido dictaminar el bien jurídico que se protege con la estipulación de los delitos de odio y cómo se relaciona con otros bienes jurídicamente protegidos y sus consecuentes tipificaciones en el derecho penal. Como se ve en el caso de la legislación española, este es un tema complejo, donde los aspectos a los que puede afectar el odio son múltiples. En general, se ha entendido que la tipificación jurídica como *delito de odio* protege la seguridad de los colectivos objeto de discriminación (aunque, como se ve, el TEDH no incluye muchos otros colectivos, como los fundados por características de género, orientación sexual, discapacidad, etc.), el bien abstracto de la paz pública (que sería amenazada por el odio, pues crea un clima predelictivo en la sociedad en que se difunde) y la seguridad jurídica[100].

No obstante, dada la amplitud en la tipificación del delito de odio, esto siempre plantea dificultades a la hora de definir sus límites cuando la protección de un bien jurídico puede afectar a otros bienes jurídicos. Esta problemática implica que las ciencias jurídicas han tenido que trabajar en la distinción entre lo que es un delito de odio y lo que no, dentro de las infracciones que puedan ser susceptibles de interpretarse como motivadas por el odio, la hostilidad o el desprecio contra un colectivo protegido. En esa distinción existe un elemento que ha tenido un protagonismo mayúsculo en los debates sobre los delitos de odio: la libertad de expresión. Esto ha ocurrido porque los delitos de odio se han tendido a relacionar con la expresión de idearios y discursos de odio, lo que se ha interpretado por algunos agentes de opinión (sobre todo quienes, precisamente, emitían discursos de odio) como una represión de la libertad de expresión. Esta tensión se ha hecho más visible con la proliferación de las redes sociales y la difusión de opiniones e ideas por internet, que ha supuesto un nuevo reto a la hora de definir los límites de lo que es delito de odio y lo que no respecto a la libertad de expresión. De hecho, muchos Estados han mostrado una actitud dubitativa al respecto, al reconocer la dificultad de situar el límite y el riesgo de orientar la política penal hacia modelos autoritarios, imitando regímenes donde la libertad de prensa, la libertad de expresión y los elementos democráticos están seriamente amenazados, sino suprimidos.

---

[100] Fuentes Osorio, Juan Luis, «El odio como delito», *Revista electrónica de ciencia penal y criminología*, vol. 19-27, 2017, pp. 9 y ss.

3. CONFLICTO CON LA LIBERTAD DE EXPRESIÓN

En la protección con el delito de odio de los bienes jurídicos mencionados, como se ha dicho, siempre se mide su pertinencia en relación a la libertad de expresión, otro bien jurídico legalmente protegido y con el que se pueden plantear fricciones. Por tanto, una de las preocupaciones de la ciencia jurídica ha sido discernir el límite que separa el discurso de odio (que no está necesariamente amparado por la libertad de expresión y fundamentaría los delitos de odio) del discurso impopular o discurso ofensivo (que, a pesar de ser ofensivo y pueda herir sensibilidades, formaría parte de la libertad de expresión y no se puede reprimir legalmente).

En el caso del discurso de odio, lo habitual ha sido que los tribunales hayan incluido la apología del terrorismo y del genocidio, el negacionismo del Holocausto y los discursos que discriminan a determinados colectivos (especialmente a las minorías étnicas, raciales, nacionales o religiosas). En el caso del discurso impopular o discurso ofensivo, en cambio, se han incluido las críticas a los cargos públicos y las ideologías políticas contrarias al orden jurídico y político establecido o a instituciones estatales[101].

Este planteamiento genérico del problema, aunque logra distinguir lo delictivo de lo lícito, es insuficiente para resolver la tensión entre libertad de expresión y delitos de odio. Entre ambos tipos de opiniones existen numerosas zonas grises que ninguna distinción categórica puede solventar. Por ejemplo, las críticas a figuras públicas, en ocasiones, pueden esconder un discurso de odio contra algún colectivo específico. Piénsese en las críticas que recibe el multimillonario de origen judío George Soros por parte de grupos de ultraderecha. Aunque criticar a Soros es algo legítimo, incluso cuando se incluyen elementos ofensivos en la crítica a sus actividades o ideas, muchas veces esto esconde un discurso antisemita que remite a clásicos prejuicios sobre la población judía como que «los judíos son usureros», «los judíos controlan las finanzas» o «los judíos forman una élite global que controla el mundo».

Esto no quiere decir que toda crítica a George Soros u otra figura pública de algún grupo social tradicionalmente discriminado sea, en potencia o en acto (explícito o implícito), un discurso de odio. Existen multitud de críticas legítimas que se pueden realizar contra Soros y otras figuras y existen multitud de críticas ofensivas que se realizan contra estas figuras públicas sin constituir discursos de odio. El ejemplo lo que viene a mostrar es que no existe una línea divisoria que

---

[101] Gutiérrez David, María Estrella y Alcolea Díaz, Gema, «El "discurso del odio" y la libertad de expresión en el Estado democrático», *Derecom*, vol. 2, 2010, p. 10.

clarifique aquello que es lícito (aunque sea impopular y/u ofensivo) y lo distinga de aquello que es ilícito y, por tanto, constituyente de un delito de odio.

Este tipo de distinciones, por tanto, no deben absolutizarse. Aunque guardan su validez heurística para distinguir conceptualmente los discursos de odio de otro tipo de manifestaciones que no tienen una motivación de odio ni buscan incitar a la violencia. Para no perder esta validez, es importante reconocer al mismo tiempo las limitaciones de la distinción, señalando la necesidad de más herramientas para abordar correctamente el fenómeno.

La distinción entre lo que es un delito de odio y lo que no, entonces, no ha sido resuelta del todo y existen posiciones diversas sobre cómo articular la relación entre delitos de odio y libertad de expresión. Principalmente se pueden distinguir dos líneas argumentales entre los juristas: la que da prioridad a la libertad de expresión y la que da prioridad a la criminalización del odio. Estas dos posturas, además, encuentran traducción en diferentes sistemas jurídicos, pudiéndose diferenciar un modelo de «democracia tolerante», como Estados Unidos, de un modelo de «democracia intransigente», como la Unión Europea (UE)[102].

Los argumentos de quienes defienden el modelo de «democracia tolerante» se centran, en general, en la crítica a los criterios que ha utilizado el TEDH para delimitar aquello que constituye un delito de odio. Por ejemplo, una de las críticas más frecuentes que se han señalado es que el umbral del tribunal para validar los delitos de odio se sitúa por debajo de la incitación indirecta a la violencia, lo que supondría una contradicción con la libertad de expresión, pudiendo producir algún tipo de criminalización del discurso impopular u ofensivo. Además, se critica al tribunal el hecho de que aplique este criterio de forma igual a discursos que incitan a la violencia inmediata y a discursos que crean un clima de violencia, lo que no recoge la especificidad del fenómeno, planteando riesgos reales de criminalizar discursos que deberían ser amparados por la libertad de expresión[103].

En este sentido, se ha argumentado también que no es posible comprobar el efecto de influir en los receptores de mensajes que hacen apología del terrorismo o del genocidio, por lo que fundamentar el delito de odio en la incitación que puedan producir estos discursos hacia la violencia resultaría problemático. También ha sido puesto en duda que el negacionismo del Holocausto pueda suponer un delito de odio, entendiendo que su castigo actuaría contra la libertad de expresión, lo que ha llevado a que el Tribunal Constitucional (TC) en España impida su restricción por parte del legislador[104]. Se entendía, entonces, que el negacionismo del Holo-

---

[102] Requena Paredes, José, *Un discurso contra el odio*, Granada, Real Academia de Jurisprudencia y Legislación, 2017, p. 20.

[103] Díaz Bueso, *op. cit.*, p. 53; Rollnert Liern, *op. cit.*, p. 93.

[104] Alcácer Guirao, *op. cit.*, pp. 8-9.

causto entra dentro del discurso impopular y ofensivo. No obstante, la reforma de 2015, al especificar sobre la negación del delito de genocidio como parte del delito de odio, terminó con esta interpretación, generando un contexto favorable a la restricción de los discursos que nieguen el Holocausto.

Este modelo de democracia que impera en Estados Unidos entiende que la democracia misma necesita de la existencia de un mercado de las ideas en las que se puedan expresar opiniones de todo tipo. Esta forma de interpretación jurídica tiene como fundamento el estricto respeto a las libertades y derechos reconocidos en la Constitución, entendiendo que las leyes fundamentales deben ser las mínimas indispensables. Aunque históricamente se han desarrollado leyes en Estados Unidos que criminalizaban las conductas discriminantes hacia grupos oprimidos, no es hasta los años 60, con el movimiento por los derechos civiles que se produce una transformación en la naturaleza jurídica sobre este tema. Con el creciente rechazo de amplias capas de la población hacia las distintas formas de discriminación (especialmente el), se logra dar un impulso a la legislación federal antidiscriminatoria. Hasta los años 90, esta legislación estaba muy centrada en criminalizar la discriminación étnica, racial o religiosa, pero progresivamente va incluyendo otros grupos sociales. La peculiaridad de Estados Unidos es que apuesta estrictamente por criminalizar los delitos de odio cuando son agravamientos de la pena, al tiempo que apuesta por considerar a los discursos de odio como parte de la libertad de expresión[105]. Así, se recupera la idea de que no es posible conectar plenamente el discurso de odio con la incitación a la violencia, pues su eficacia siempre es desconocida.

En el modelo de «democracia intransigente», por su parte, los argumentos para delimitar los delitos de odio se fundamentan en la idea de que son conductas expresivas que, gracias al poder de la persuasión, pueden tener como efecto que los receptores del mensaje actúen de acuerdo al mensaje, por lo que se castigan de forma más amplia. Aquí, el discurso de odio tendría la capacidad de generar un clima de odio, discriminación y violencia hacia determinados colectivos, a la vez que provocaría un efecto silenciador sobre el colectivo a que se dirige, coartando la libertad de expresión del mismo[106]. Este modelo, asociado a la UE, parte, por tanto, de la prioridad en la defensa de los principios constitucionales y democráticos, entendiendo que la libertad de expresión no queda anulada por la criminalización de los discursos de odio.

---

[105] Landa Gorostiza, Jon-Mirena, «Delitos de odio y estándares internacionales: una visión crítica a contra corriente», *Revista electrónica de ciencia penal y criminología*, vol. 22, 2020, n.º 19, pp. 16 y ss.
[106] Gutiérrez David y Alcolea Díaz, *op. cit.*, p. 16.

Esto ha dado paso a un mejor ajuste de la doctrina europea de los delitos de odio en democracias militantes[107], como Alemania, mientras ha planteado más aristas en la jurisprudencia de formas de democracia no militante, como en España[108]. Desde esta perspectiva, a diferencia del modelo de «democracia tolerante», el discurso de odio (especialmente el negacionismo del Holocausto) se entiende parte del delito de odio y no de la libertad de expresión, de forma que se apela a la responsabilidad social de los agentes de la sociedad (como los medios de comunicación) para neutralizar este tipo de discursos[109].

A pesar de su mayor interés en proteger a los colectivos discriminados y de criminalizar los discursos de odio, los modelos de «democracia intransigente» han mostrado la limitación de considerar como grupos diana mayoritariamente a aquellos discriminados por razones raciales, étnicas o religiosas. Esto ha ido progresivamente cambiando, orientándose a incluir otros colectivos (como los discriminados por orientación sexual, género, discapacidad, etc.), como ya viene desarrollando la legislación española desde los años 90 del siglo XX y como se apunta desde mediados del siglo XX en la legislación del ejemplo paradigmático de «democracia tolerante», Estados Unidos. Como virtud con respecto al modelo estadounidense, la legislación europea ha superado el dualismo entre criminalizar los discursos de odio o criminalizar el odio como agravante de otras infracciones, considerando ambos elementos como delictivos y, por tanto, necesariamente criminalizables.

4. IDEARIOS DE ODIO E INTERACCIÓN SOCIAL

Habiendo atendido a la naturaleza de los discursos de odio y de los delitos de odio, así como el conflicto jurídico que supone su restricción con respecto a la libertad de expresión, a continuación, se trata de poner en relación los incidentes e idearios de odio con las formas de interacción social. Concretamente, se apunta a cómo los idearios de odio emergen y se difunden a partir de la interacción social

---

[107] Se refiere a aquellos tipos de sistema democrático que otorgan a sus instituciones amplios poderes para defender el sistema democrático-liberal contra aquellos individuos y organizaciones que planteen suprimirlo. Este concepto se origina en Alemania durante la segunda postguerra europea para definir al sistema instituido con la Ley Fundamental de Bonn de 1949, que tiene intención de evitar una repetición de los sucesos de 1933, cuando el nazismo logró abolir el sistema liberal democrático de la República de Weimar utilizando la propia estructura legal, siendo la Ley Habilitante el mayor reflejo de este proceso.

[108] Alcácer Guirao, *op. cit.*, p. 9, 14.

[109] Cohen-Almagor, Raphael, «Freedom of expression v. social responsability: Holocaust denial in Canada», *Journal of mass media ethics: exploring questions of media morality*, vol. 28, 2013, n.º 1, pp. 51-52.

y a cómo la interacción social se ve influida por la presencia de idearios de odio, lo que influye sobre la transición entre una forma de interacción y otra.

Siguiendo las advertencias de Neil Chakraborti[110], a la hora de estudiar los incidentes de odio se debe partir del reconocimiento del carácter complejo y extendido del fenómeno. Los incidentes de odio no son solo perpetrados por miembros de grupos de ultraderecha o extremistas de cualquier tipo, sino que la mayoría son cometidos por gente común en situaciones cotidianas que se entienden como normales. Aunque aquellas personas con idearios de odio en sentido estricto son una amenaza en lo que se refiere a la comisión de incidentes de odio, esto no es una condición necesaria para que se produzca. Personas sin un ideario de odio motivando sus acciones también pueden cometer incidentes de odio y, de hecho, son la mayoría de casos[111]. Esto indica la existencia de prejuicio y estereotipos negativos sobre determinados grupos sociales que forman parte de la vida cotidiana de una comunidad determinada, habiendo arraigado en las formas de interacción social entre personas. A este respecto, los idearios de odio pueden ser sistematizaciones de estos sesgos discriminatorios inconscientes, pero también pueden haber esparcido estos prejuicios sobre la comunidad, logrando una adhesión parcial a sus postulados.

Otro elemento que debe tenerse presente es que los incidentes de odio no ocurren solo del grupo mayoritario hacia los grupos minoritarios, catalogando de manera sistemática a los miembros del primero como agresores y a los miembros de los segundos como víctimas. Esta dicotomía no permite atender a las especificidades en los incidentes de odio, pues entre diferentes grupos minoritarios pueden producirse también, y de hecho se producen, incidentes de odio. Además, de miembros de algún grupo minoritario hacia miembros del grupo mayoritario también se pueden producir incidentes. Esto puede ocurrir por el hecho de que todos los grupos que se establecen a partir de alguna categoría social (etnia, género, nacionalidad, religión, etc.) presentan diversidad en su interior, lo que da pie a la existencia de prejuicios por múltiples categorías sociales. Lo que esto quiere decir es que es importante no absolutizar las posiciones cuando a incidentes de odio se refiere. Los definidos como agresores no son siempre agresores, ni las definidas como víctimas son siempre víctimas.

Un último elemento a tener en cuenta en relación a los incidentes de odio es la experiencia subjetiva de quien los sufre. En ocasiones, la extensión y generalización de las situaciones de acoso, discriminación y violencia que sufren determinadas

---

[110] Chakraborti, *op. cit.*, pp. 17 y ss.
[111] Los casos más graves, que son la minoría, se relacionan generalmente con idearios de odio que justifiquen las acciones.

personas por motivos de odio acaba generando una situación de normalidad en la que no define estos incidentes como incidentes de odio, sino una parte normal e inevitable de la vida de quien es diferente. Además de todos los problemas que supone la interiorización de la dominación como una situación inevitable de la vida, a nivel jurídico y político dificulta la actuación para minimizar los incidentes de odio, pues este tipo de casos alimentan la «cifra negra» de los incidentes de odio.

Con estas advertencias como base, es posible tratar de comprender cómo se relacionan los incidentes e idearios de odio con la interacción social en una comunidad determinada. Para entender los prejuicios y estereotipos que existen en una comunidad concreta debe partirse del estudio de la composición social de la misma, así como de su evolución histórica. Si los incidentes de odio se relacionan con situaciones de dominación estructural de determinados grupos sociales, es importante atender a qué grupos existen en la comunidad y cuáles han sido sus relaciones a lo largo de la historia, atendiendo a los fenómenos de inclusión y exclusión experimentados. La aparición y difusión de idearios de odio en una comunidad determinada siempre está determinada por las relaciones sociales que en ella existen, siendo las tensiones que pueden aparecer de la interacción entre modos de vida diferentes o en la competencia por recursos escasos (por ejemplo, el empleo) los catalizadores para el desarrollo de incidentes de odio y la sistematización de idearios que discriminan a determinados grupos.

Una comunidad que no haya recibido inmigrantes en las últimas décadas difícilmente será una comunidad en la que se produzcan incidentes de odio contra la población foránea y los idearios de odio contra esta población apenas arraigarán en la conciencia colectiva, sea como una ideología compartida, sea como una serie de prejuicios y estereotipos no sistemáticos. Esto indica que para la sucesión de incidentes de odio y la difusión de idearios de dio con respecto a un grupo social concreto necesita de la existencia de ese grupo social en la vida cotidiana de modo que se pueda conformar como un «otro» opuesto al grupo mayoritario. Esta condición, al menos por razones de origen étnico y/o nacional, en las sociedades globalizadas, está prácticamente generalizada en todas las comunidades de los países occidentales. Incluso en las sociedades más homogéneas, la generalización de internet y el acceso a información de todos los rincones del planeta permite la conformación de un «otro» que no está presente en el territorio, poniendo las bases para los incidentes de odio en redes sociales y la difusión de idearios de odio por estos canales.

Debe señalarse que, incluso en sociedades étnicamente homogéneas, los incidentes de odio no están exentos de producirse, pues la diversidad social existe en múltiples ámbitos que van más allá del origen étnico y/o nacional. Las divisiones por discapacidad, género, identidad sexual y orientación sexual, por ejemplo, seguirán existiendo hasta en la sociedad más homogénea culturalmente. A mayores, en la propia dinámica de la interacción social suelen aparecer categorizaciones entre las personas vinculadas al estatus social, lo que puede funcionar como base para la propagación de prejuicios y estereotipos sobre aquellas personas con un menor estatus. Esto, en sociedades de clases como las que existen actualmente, es un proceso recurrente derivado de las desigualdades sociales que en ellas se producen. Más allá de la distancia entre los más ricos y los más pobres se produce toda una serie de divisiones que acaban otorgando un estatus diferenciado entre segmentos de la población que, en principio, tienen más en común que diferencias, pero se acentúan estas últimas. Por ejemplo, las diferencias entre trabajo manual y trabajo intelectual producen importantes diferencias de estatus y de ellas se derivan, en ocasiones, prejuicios y estereotipos negativos sobre los trabajadores manuales.

Los procesos de diferenciación social, entonces, son un elemento necesario para la aparición de incidentes e idearios de odio con respecto a los grupos sociales en una posición de subordinación. Estos procesos, de todas formas, no provocan directamente la aparición de incidentes e idearios de odio. Como se ha evidenciado, es necesario que la diferenciación social se produzca en relación a procesos de dominación estructural, esto es, con la implementación de situaciones sociales en las que se impide a determinados grupos de personas realizar sus potencialidades dentro de las condiciones que el desarrollo general de la sociedad permite. Los idearios de odio, como ha señalado Barbara Perry[112], son mecanismos de poder que reafirman las jerarquías de un orden social, a la vez que reproducen la identidad subordinada de los grupos víctima del odio.

Por supuesto, no todas las comunidades son igual de susceptibles a la aparición de incidentes e idearios de odio. Los niveles de desigualdad social son un factor de relevancia a la hora de entender la difusión de idearios de odio, ya que, en aquellas comunidades con unos mayores niveles de desigualdad social, los idearios de odio tienen una mayor facilidad para penetrar en ellas y difundirse. La desigual distribución del poder (económico, político, social, institucional) entre los grupos sociales provoca que, aquellos con un menor poder, experimenten discursos que legitiman su posición subordinada. De entre estos discursos, la aparición de prejuicios y estereotipos fundamentados en su condición social (de inmigrantes, extranjeros, mujeres, personas no heterosexuales, discapacitadas, etc.) adquiere una mayor probabilidad como elementos para justificar la dominación y la exclusión del poder social.

En cambio, en las sociedades más igualitarias, el acceso al poder social de forma más equitativa para los diferentes grupos sociales funciona como una herramienta preventiva frente a los idearios de odio. También lo son aquellas sociedades en las que los poderes públicos han destinado esfuerzos a idear políticas de intercultura-

---

[112] Perry, Barbara, *In the name of hate: understanding hate crimes*, Nueva York, Routledge, 2001.

lidad y gestión de la diversidad, así como el blindaje de derechos de las minorías. El gozar de una posición más o menos igual en los diferentes ámbitos de la sociedad contribuye a excluir la posibilidad de que aparezcan idearios de odio contra esos grupos, ya que no hay una posición subordinada que reproducir. Igualmente, tampoco hay una posición privilegiada que se beneficie de la subordinación de otros, lo que dificulta la aparición de ideas y acciones que discriminen a ese grupo.

Otro factor diferencial entre comunidades es el del modo de interacción social existente entre los diferentes grupos que la conforman. El modo de interacción, así como la forma en que se gestionan los conflictos, influye en la difusión de idearios de odio y en la producción de incidentes de odio de tal modo que, cuando se está en una situación de convivencia, los valores de tolerancia y respeto, así como la gestión pacífica de los conflictos, supondrán una forma de frenar la difusión de prejuicios y estereotipos que alimentan el ideario de odio. Igualmente, al existir mecanismos preventivos y proactivos para gestionar los conflictos, los fenómenos de violencia son reducidos al mínimo, dificultando su reproducción en el tiempo. La tolerancia hacia la diversidad y la existencia de una buena cohesión social de la comunidad son factores que minimizan la aparición de incidentes de odio[113].

En los casos de hostilidad, el proceso es el contrario. Los idearios de odio se difunden con facilidad al existir tensiones permanentes en la comunidad y los incidentes de odio ocurren con frecuencia derivada de la situación de violencia directa en que se produce la interacción social entre los diferentes grupos sociales. Los mecanismos represivos y punitivos para gestionar los conflictos, en lugar de frenar los idearios de odio, los alimentan, pues reafirman la subordinación de determinados grupos sociales y refuerza la vinculación de los mismos con actividades ilícitas, algo recurrente en los idearios de odio. La situación de desconfianza y enfrentamiento que caracteriza a la hostilidad es propicia para que, en los escenarios de competencia entre grupos, estos desarrollen formas de discriminación basadas en el odio. Claramente, el escenario de hostilidad es el que más favorece la aparición y difusión de idearios de odio, así como a la comisión de incidentes de odio.

En las situaciones de coexistencia, en cambio, la situación de los incidentes e idearios de odio es ambigua. Por un lado, la falta de enfrentamiento y el dominio de la tolerancia evita que los incidentes de odio aparezcan como un elemento recurrente de la interacción social, contando con el rechazo generalizado de la comunidad el recurso a la violencia. Por otro lado, la ausencia de relación y de gestión de los conflictos, larvándose estos, supone un campo de cultivo provechoso

---

[113] Benier, Kathryn, «The People or the Place? An Analysis of the Protective Factors of Hate Crime in Multiethnic Neighnourhoods in Australia», *Australian Journal of Social Issues*, vol. 54, 2019, n.º 2, p. 168.

para la gestación de idearios de odio y su progresiva difusión entre miembros de la comunidad. El modo de interacción de coexistencia, que es muy frecuente en las comunidades occidentales, aparece como un modo de transición que puede evolucionar hacia la convivencia o hacia la hostilidad. En el caso de los idearios de odio, estos tendrán mayor o menor fortuna en relación a la tendencia general de esa comunidad, esparciéndose en aquellas que progresivamente derivan a la hostilidad o extinguiéndose en aquellas que se encaminan hacia la convivencia.

Los efectos que los incidentes e idearios de odio tienen sobre la interacción social en una comunidad determinada son múltiples y tienden a deteriorar esta interacción, orientando a la comunidad hacia una situación de hostilidad. Algunos de sus efectos son el mayor distanciamiento de los grupos culturales minoritarios, los cuales, por temor a los episodios de violencia, tienden a un mayor aislamiento con respecto al grupo mayoritario. La sensación de amenaza y la intimidación que experimentan los grupos discriminados aumenta cuando los idearios de odio se difunden en una comunidad. Ello, a su vez, aumenta la desconfianza de los grupos discriminados hacia el resto. Esta consecuencia aumenta la dificultad de la gestión pacífica de conflictos, pues en su base se encuentra la participación y el protagonismo de los implicados. Un efecto especialmente grave, en este sentido, es que los miembros del grupo discriminado se vean forzados a abandonar la comunidad por un miedo constante a sufrir violencia[114].

Los incidentes de odio en casos de diversidad cultural y étnica tienen como uno de sus resultados más frecuentes el aislamiento de las víctimas (entendidas en este caso como el grupo diana), que muestran sentimientos de marginación. La reacción del grupo diana, por lo general, es fortalecer sus lazos internos, pero en una dinámica de oposición al grupo del promotor del odio, lo que erosiona las relaciones intergrupales de la comunidad[115]. Esta dinámica que activan los incidentes de odio tiene como consecuencia el aumento de la distancia entre grupos, alejando a las comunidades del ideal de la convivencia y profundizando las desigualdades sociales existentes. Esto se debe a que:

> El motivo mismo y el intento de violencia dirigida es proteger los límites cuidadosamente trazados en el sentido físico y en el social. Es un proceso deliberado de vigilar la línea entre lo blanco y lo no blanco, lo masculino y lo femenino, lo heterosexual y lo homosexual, entre lo dominante y lo subordinado. Se presenta,

[114] Perry, Barbara, «Exlproring the community impacts of hate crime», en Hall, Nathan, Corb, Abbee Giannasi, Paul, y Grieve, John (eds.), *The Routledge International Handbook on Hate Crime*, Nueva York, Routledge, 2015, pp. 51-52.

[115] Keel, Chloe, Wickes, Rebecca, y Benier, Kathryn, «The vicarious effects of hate: inter-ethnic crime in the neighborhood and its consequences for exclusion and anticipated rejection», *Ethnic and racial studies*, 2021, p. 16.

entonces, como un castigo para aquellos que se atreven a transgredir y una advertencia para aquellos que lo están considerando[116].

Los incidentes de odio, entonces, generan un efecto sobre el conjunto de la comunidad, no solo sobre aquellas personas que lo sufren o los grupos a que pertenecen. Aunque siempre existen posiciones particulares, se ha evidenciado que los incidentes de odio afectan a la comunidad de modo que sus habitantes muestran una mayor desconfianza, de media, hacia los grupos que han sufrido estos incidentes[117].

Ello, junto con el aislamiento que desarrollan como autodefensa los grupos discriminados, tiene efectos decisivos para la interacción social, minando las posibilidades de establecer un modelo de convivencia, pues, como se ha apuntado, éste necesita de una participación activa de todos los miembros y de una relación positiva entre ellos. La ausencia de relación, más propia de la coexistencia, plantea el problema de los conflictos sin resolver, que funciona como un catalizador para el esparcimiento de prejuicios, estereotipos y desconfianza entre miembros de la comunidad. Los incidentes de odio, por tanto, alimentan la intolerancia y la exclusión como forma de relacionarse en las comunidades, lo que puede derivar, en última instancia, a climas normalizados de violencia, donde el modelo de interacción que se impone es el de la hostilidad.

---

[116] Perry, *op. cit.*, p. 53.
[117] Keel, Wickers y Benier, *op. cit.*, p. 15.

V

RADICALIZACIÓN

Otro de los procesos contemporáneos que afectan negativamente a la interacción social y alejan a las comunidades del ideal de convivencia intercultural arriba descrito es la radicalización. Este fenómeno, ampliamente relacionado con los idearios de odio, ha presentado múltiples formas. Concretamente, se atenderán a las dos más visibles del primer tercio del siglo XXI, el islamismo yihadista y la ultraderecha.

La barrera de la radicalización para la convivencia intercultural es examinada en este capítulo, prestando atención a la naturaleza concreta de este fenómeno, su relación con la interacción social y con los ya descritos incidentes e idearios de odio. Los casos del islamismo yihadista y de la ultraderecha servirán para mostrar fenómenos tangibles de qué son, cómo se producen y qué efectos tienen sobre la interacción social los procesos de radicalización.

En el caso del islamismo yihadista, el evento más significativo es el de los atentados del 11 de septiembre de 2001 en Estados Unidos. Este evento marcó una época en la preocupación por la radicalización y condicionó las agendas de seguridad de la mayoría de Estados occidentales, teniendo en la lucha antiterrorista uno de sus elementos principales. Con los años, los atentados terroristas de tipo yihadista han seguido sucediéndose en el mundo occidental y han supuesto eventos altamente mediatizados y traumáticos para la población. Algunos ejemplos son el atentado del 11 de marzo de 2004 en Madrid, del 7 de julio de 2005 en Londres, del 13 de noviembre de 2015 en París o del 17 de agosto de 2017 en Barcelona. Esta serie de eventos ha hecho que organizaciones como Al Qaeda o Estado Islámico pasasen a ser ampliamente conocidas en el mundo occidental.

Por su parte, la ultraderecha representa un proceso de radicalización diferente en los países occidentales. Por un lado, no ha dejado eventos tan mediáticos como el islamismo yihadista. Por otro, múltiples organizaciones ultraderechistas han ganado representación política a lo largo del siglo XXI, siendo actores importantes en los procesos de decisión institucional. Tanto es así que las formaciones ultraderechistas han alcanzado los gobiernos de diferentes países, apareciendo como los casos más emblemáticos la victoria electoral de Donald Trump en Estados Unidos en 2017, la llegada al gobierno brasileño de Jair Bolsonaro en 2019 o la presidencia de Giorgia Meloni del Consejo de Ministros en Italia desde 2022.

El avance institucional de la ultraderecha y su menor repercusión mediática que el islamismo yihadista en cuanto a acciones violentas se refiere no debe opacar que desde estas coordenadas ideológicas también se han sucedido atentados terroristas. El más famoso, sin duda, fue el atentado de Anders Breivik el 22 de julio de 2011 en Noruega, tanto por la magnitud del suceso, como por el hecho de que el terrorista publicó un manifiesto en el que se explicaban sus convicciones políticas.

1. LA RADICALIZACIÓN COMO PROCESO

En este epígrafe se expone brevemente qué es la radicalización, cuáles son sus causas y cuáles son los errores más frecuentes a la hora de analizarla y, por tanto, de enfrentarla. Lo primero que se debe señalar es que la radicalización es un fenómeno que no se circunscribe a los casos del islamismo yihadista y del ultraderechismo. Existen múltiples movimientos sociales y políticos susceptibles de experimentar procesos de radicalización y no todos tienen la misma desembocadura. El contexto en que se produce la radicalización es fundamental para entender este proceso, así como para juzgarlo, pues muchas de las conquistas democráticas y sociales asentadas en la actualidad son resultado de largos procesos de lucha social, en buenas ocasiones de forma violenta, donde la radicalización de movimientos políticos para conseguir sus objetivos ha jugado un papel importante.

Los casos del islamismo yihadista y del ultraderechismo, por supuesto, no responden a este tipo de radicalización, sino más bien a uno contrario, orientado a la destrucción de derechos y libertades y establecimiento de regímenes políticos antidemocráticos. Si se presta atención particular a ellos es debido a que son las manifestaciones más importantes del momento contemporáneo, constituyendo una de las principales barreras a la construcción de sociedades democráticamente avanzadas donde la interacción social esté marcada por la convivencia intercultural.

A pesar de la amplitud del fenómeno, la radicalización se ha entendido de forma restringida, bien sea aplicada a estos fenómenos concretos de destrucción de los derechos, las libertades y los órdenes democráticos, bien sea completamente reducida al fenómeno del islamismo yihadista, que ha dominado la imagen general de la radicalización. Además, estas perspectivas reduccionistas han tendido a vincular necesariamente la radicalización con la violencia política. En cierta forma, la Comisión Europea en 2008, al entender la radicalización como una socialización del extremismo que se manifiesta en actos terroristas caía en esta interpretación reduccionista. Académicamente, Peter Neumann resumió el asunto señalando que «expertos y funcionarios comenzaron a referirse al término de 'radicalización' cada vez que querían hablar de 'lo que sucede antes de que estalle la bomba'»[118].

Esta perspectiva es insuficiente y defectuosa para una buena caracterización del fenómeno de la radicalización. Además, las consecuencias prácticas de un enfoque basado en este tipo son las de la inoperancia, pues limita el fenómeno a una manifestación violenta de la misma, tratándose, en realidad, de algo mucho más complejo. Igualmente, la radicalización así entendida se limita a describir lo que ocurre en la agenda de seguridad, pero es incapaz de conectarse con el ámbito social en un sentido amplio. Es importante mantener este aspecto en el concepto de radicalización, entendiendo que sus efectos sobre la seguridad son una potencialidad real del fenómeno, pero no reduciendo el mismo a esta área. Haciéndolo, en lugar de ofrecer un marco analítico útil operativamente, se cae en una perspectiva estrecha incapaz de ofrecer una estrategia preventiva fértil.

La radicalización, de esta forma, debe definirse como un concepto relacional, contextual y procesual. La radicalización es relacional porque debe ser juzgada a partir de unos marcos concretos que funcionen como referencia de «normalidad», generalmente la naturaleza del Estado en el que se desarrolla. No se puede juzgar de la misma forma un proceso de radicalización en el marco de la dictadura franquista en España que un proceso de radicalización en el sistema liberal democrático inaugurado tras la Transición de los años 70. El marco de referencia genérico que se puede tomar en la actualidad en el mundo occidental para analizar los procesos de radicalización es el de las democracias liberales, pues son el sistema político más extendido.

A su vez, la radicalización debe ser entendida contextualmente en función del ámbito sobre el que se quiere intervenir. La radicalización puede afectar a múltiples sectores, como la seguridad, la interacción social, la política exterior o la cultura, entre otras. La comprensión adecuada del fenómeno debe tener en cuenta esta naturaleza multidimensional, aunque después se preste mayor atención a un ámbito concreto. Si la atención solo se fija en uno de esos ámbitos, la comprensión del fenómeno de la radicalización estaría siempre limitada. En este capítulo, la atención se centra especialmente en lo relativo a la interacción social, entendiendo que la radicalización, en el sentido negativo expresado, es una barrera para el modelo de convivencia intercultural que debería caracterizar a una democracia comunal.

---

[118] Neumann, Peter, «Introduction», en *Perspectives on Radicalisation and Political Violence*, Londres, First International Conference on Radicalisation and Political Violence, 2008, p. 4.

La radicalización es procesual, también, porque es un fenómeno dinámico con avances y retrocesos, que experimenta diferentes etapas, siempre sujetas a cambio. La radicalización, entonces, no es un fenómeno lineal sujeto a fases pre-establecidas e inevitables. La radicalización, al contrario, es un proceso que está sujeto a cambio en cada una de las fases que experimenta.

Por tanto, la radicalización puede definirse como un proceso en el que un individuo o un grupo, siempre de forma gradual, abandona los esquemas cognitivos moderados y adopta posiciones intransigentes y doctrinarias. La lógica discursiva de este individuo o grupo experimenta, durante el proceso de radicalización (siempre que este siga desarrollándose), una evolución hacia una mayor tolerancia y aceptación de factores de legitimidad no democráticos, muestra simpatía hacia las ideas-fuerza de organizaciones de ideología extremista y existe la posibilidad de colaboración con este tipo de organizaciones. La radicalización, de continuar desarrollándose, puede culminar con la legitimación de atentados terroristas o incluso la colaboración en la perpetración de los mismos[119].

Definida de esta forma, es preciso señalar el vínculo de los procesos de radicalización con determinados procesos de socialización. Concretamente, la socialización en creencias e ideas contrarias a la legitimidad democrática (entendida en un sentido amplio) y a sus mecanismos para reflexionar, decidir e intervenir sobre el conjunto de la sociedad. Merece la pena detenerse brevemente a explicar en qué consiste este proceso.

La socialización es el proceso por el que las personas aprenden los elementos sociales y culturales de su medio hasta internalizarlos de una forma u otra en su estructura de la personalidad a partir de la experiencia vivida. La socialización es un proceso que se despliega mediante la interacción social con los diferentes agentes sociales y supone una dialéctica que va dando forma a valores, ideas, costumbres, prácticas y relaciones.

La construcción del mundo social, como señalan Berger y Luckmann[120], se produce por un proceso continuo y mutuamente determinado de externalización y objetivación. La externalización es el momento en el que las personas se expresan, actúan, opinan, etc., proyectando sus significados a la realidad, mientras que la objetivación es la realidad construida por la acción humana y que se presenta como algo ajeno de las propias personas que le han dado forma. Ha de añadirse que, cuando a esta dinámica se le suma la legitimación, se obtiene como resultado un proceso de institucionalización, que es una forma especial de mundo social

---

[119] Antón-Mellón, Joan y Parra, Ignacio, «Concepto de radicalización», en Antón-Mellón, Joan (ed.), *Islamismo yihadista: radicalización y contrarradicalización*, Valencia, Tirant Lo Blanch, 2015, p. 25.

[120] Berger, Peter y Luckmann, Thomas, *La construcción social de la realidad*, Buenos Aires, Amorrortu, 2015.

objetivado. Concretamente, las instituciones (por ejemplo, la familia o el mercado), son susceptibles de alcanzar un grado de objetivación muy elevado, llegando a ser consideradas hechos naturales, a pesar de su carácter plenamente social.

Tras estos procesos se produce la internalización, que consiste en la toma de conciencia del mundo social objetivado producido por la constante dinámica de externalización-objetivación. En este punto se produce la socialización, como internalización de un mundo social objetivado. Generalmente, se distingue entre socialización primaria, socialización secundaria y resocialización. La socialización primaria es aquella que se produce en un primer momento en las personas, durante la infancia, y constituye el proceso por el que la persona se hace miembro de la sociedad. Las actitudes y los roles de los otros que socializan al niño son internalizados, siendo un proceso que desborda al aprendizaje, incluyendo también la construcción de la identidad social y funcionando como base para el resto del proceso vital. El agente principal de la socialización primaria es la familia (u otro grupo primario, de ser el caso) y esta termina cuando el niño internaliza al «otro generalizado», esto es, el conjunto de normas y expectativas del conjunto de la sociedad.

La socialización secundaria, por su parte, es un proceso en el que se adquieren conocimientos, comportamientos y valores específicos de una institución o un contexto concretos. Los agentes que funcionan socializando a los individuos en esta etapa son, generalmente, la escuela, el trabajo, el vecindario, los medios de comunicación, las organizaciones políticas, los grupos de pares, etc. Este proceso es continuo a lo largo de toda la vida y va evolucionando el conjunto de normas, comportamientos e ideas que internaliza el individuo.

La resocialización, en cambio, consiste en el abandono de los comportamientos, normas, ideas, valores y conocimientos aprendidos para adquirir unos nuevos que se ajusten a la realidad social en la que vive. Generalmente, esto implica una reestructuración de la identidad de la persona. Lo habitual es que este proceso de resocialización se produzca tras una ruptura con las normas y comportamientos del mundo social en que opera la persona. Tras ello, si la sociedad dispone de ellas, se recurre a instituciones específicamente orientadas a la resocialización para llevar a cabo el proceso, utilizando técnicas y métodos especializados para lograr con éxito la internalización de normas, valores y comportamientos que no contravengan las reglas de la sociedad. El agente típico en las sociedades contemporáneas de los procesos de resocialización es la cárcel, pero existen otras de tipo educativo que también desarrollan esta función.

En lo que refiere a los procesos de radicalización, estos deben ubicarse en la socialización secundaria, pues la radicalización consiste en la adquisición de unos esquemas cognitivos nuevos, en relación a las interacciones sociales de los individuos o grupos que experimentan el proceso. Además, la radicalización parte de elementos existentes en la sociedad, no es un elemento externo y ajeno llegado desde fuera para contaminarla. Entendiendo esto, es común el error de considerar la radicalización en el marco de un enfrentamiento entre sociedades atrasadas y sociedades avanzadas, siendo la radicalización un fenómeno de las sociedades atrasadas. Esta interpretación, para mayor error, suele identificar al mundo musulmán como sociedad atrasada y al mundo occidental como sociedad avanzada, en lo que reproduce una oposición caricaturizada que no es tal. En realidad, la radicalización se relaciona con ideologías que pueden instrumentalizar (y generalmente así ocurre) elementos culturales de las sociedades, sean estas atrasadas o avanzadas. En el caso del mundo musulmán, el islamismo yihadista instrumentaliza para sus procesos de radicalización elementos existentes en la religión dominante, el islam[121].

No es casualidad que los procesos de radicalización recurran a elementos culturales de las sociedades en que operan, en parte porque es estratégicamente útil, pues conecta con el mundo social objetivado de los individuos. Además, y quizá principalmente, esto sucede porque no puede no suceder, es decir, los procesos de radicalización nacen y crecen a partir del mundo social objetivado de cada sociedad, de las interacciones que en ella se producen y a partir de las tensiones que aparecen en esa interacción social.

Situadas las causas del nacimiento y evolución de los procesos de radicalización en la interacción social de los individuos de la sociedad, es útil distinguir tres niveles en las causas: un nivel micro, un nivel meso y un nivel macro[122]. El nivel micro de las causas se refiere a aquellos factores de tipo individual de los sujetos que pueden llevarlos a experimentar el proceso de radicalización. Entre estas, destacan la sensación de discriminación, humillación, rechazo, problemas de identidad, etc. El nivel meso, en cambio, se refiere a las redes de apoyo o amistad, siendo el lugar donde se ubica el punto de reunión del individuo o del grupo con los factores de radicalización (el grupo terrorista o los difusores de idearios extremistas, por ejemplo). El nivel macro, finalmente, se refiere a las variables económicas y políticas dominantes de una sociedad que pueden llevar a individuos, grupos o sectores distintos de la población a movilizarse y radicalizarse en busca de cambios sociales de acuerdo a sus intereses y/o ideas,

---

[121] Antón-Mellón, Joan y Miravitllas Pous, Enric, «Convivencia y radicalización extremista: parámetros genéricos y utilización de contranarrativas en entornos penitenciarios», en Alonso Rimo, Alberto y Gil Gil, Alicia (coords.), *Prevención de la radicalización violenta en prisión*, Madrid, Dykinson, 2021, pp. 186-187.

[122] Schmid, Alex, «Radicalisation, De-Radicalisation, Counter-Radicalisation: A Conceptual Discussion and Literature Review», *International Centre for Counter-Terrorism*, 2013, p. 4.

siendo el ejercicio de la violencia uno de los posibles mecanismos para conseguir que se produzcan estas transformaciones.

En estos tres niveles, el proceso de socialización en determinados esquemas intransigentes, doctrinarios y antidemocráticos actúa con diferentes formas e intensidad a través de la difusión y popularización de idearios de odio, en el sentido descrito en el capítulo anterior. La difusión de idearios de odio tiene la capacidad de movilizar a individuos y grupos hacia posiciones intransigentes, apuntando hacia colectivos determinados que funcionan como «chivos expiatorios» de los problemas sociales que existen en la sociedad. Esto funciona mediante situar en un actor externo, un «otro», la causa de una problemática social de tipo estructural. Por ejemplo, un caso de chivo expiatorio de tipo islamófobo está en las doctrinas que consideran que el machismo no existe en las sociedades occidentales y atribuyen los casos de violencia de género a la presencia de población musulmana, pues «ellos sí son machistas, pero nosotros no». Este tipo de razonamientos simplifican los fenómenos sociales, que siempre son multicausales, y apuntan hacia la discriminación de colectivos concretos.

Los procesos de radicalización se pueden interpretar desde el triángulo del odio, siendo los individuos o grupos que experimentan el proceso de radicalización, al menos en las primeras fases del mismo, la audiencia que recibe el mensaje del promotor del odio. De hecho, se ha mostrado que la difusión de discursos de odio ha influenciado en la comisión de actos terroristas[123], que responden a la fase más elevada del proceso de radicalización. Así, los idearios de odio han mediado de forma efectiva en el paso de las ideas a la acción por parte de los terroristas.

Los procesos de radicalización no están reservados para los individuos más extremistas desde el primer momento, sino que, precisamente por su carácter procesual, puede producirse en individuos categorizados como «normales». Esto se debe a que la radicalización, como ya se ha dicho, no es un fenómeno circunscrito a la seguridad, sino que encuentra explicación en la interacción cotidiana de los individuos y grupos en el espacio público (incluyendo, claro, las redes sociales y el espacio digital). Una separación radical de la radicalización respecto a las formas de interacción social, uno de los errores más habituales a la hora de abordar este proceso, implica una exteriorización del fenómeno (al considerarlo algo ajeno a la sociedad en la que se desarrolla) o una esencialización del fenómeno (al considerarlo algo inevitable, destinado a ocurrir independientemente de las condiciones sociales existentes).

---

[123] Blanco Navarro, José María, «Delito de odio. El "hermano pequeño" del terrorismo de extrema derecha», en Huesca González, Ana María, López-Ruiz, José, y Quicios García, María del Pilar (coords.), *Seguridad ciudadana, desviación social y sistema judicial*, Madrid, Dykinson, 2020, p. 98.

La forma que adopten las relaciones sociales entre individuos y grupos en una comunidad determinada tiene una importancia decisiva en la probabilidad de que aparezcan y, sobre todo, se desplieguen favorablemente, los procesos de radicalización. Las sociedades en las que la interacción es de hostilidad, marcadas por la intolerancia entre grupos, la violencia generalizada en la forma de interactuar y sin mecanismos para gestionar los conflictos de forma pacífica y dialogada, son sociedades propicias para que los procesos de radicalización arraiguen, pues allí los idearios de odio (uno de los factores clave en la socialización en la intolerancia y la violencia) tienen un terreno fértil para circular, difundirse y establecerse.

De forma opuesta, las sociedades en las que impera la convivencia, basadas en la tolerancia y el respeto a los diferentes y con mecanismos pacíficos de gestión de los conflictos, son las que están mejor preparadas para evitar la aparición y, sobre todo, el desarrollo, de los procesos de radicalización. La existencia de esta forma de interacción es el mejor antídoto contra la radicalización, pues altera sus bases, que son la diferenciación social, la intolerancia y el rechazo de grupos determinados.

Entre estos casos está situada la coexistencia, que al igual que respecto a los incidentes e idearios de odio plantea elementos contradictorios para la alimentación de los procesos de radicalización. La existencia de respeto entre grupos sociales dificulta que la radicalización evolucione hacia estadios más elevados, pero la ausencia de gestión de los conflictos deja la puerta abierta a que las ideas intransigentes avancen sin oposición entre los miembros de la sociedad.

La forma en que se gestionen los conflictos de la sociedad tiene una incidencia clave en los procesos de radicalización, ya que al estar estos en estrecha relación con la interacción social, requerirán de abordajes integrales y preventivos capaces de actuar sobre las causas del fenómeno y no solo sobre las consecuencias. Los modelos hoy dominantes, caracterizados por la reacción y restringirse a lo securitario, representan la limitación de enfrentar solo la punta del iceberg del fenómeno, siendo incapaces de evitar su reproducción constante. Estos enfoques actúan cuando pasan los actos terroristas o cuando el proceso de radicalización ya ha provocado en los individuos o grupos una asunción de los postulados intransigentes y una legitimación de la violencia como herramienta política. Lo que el estudio de la radicalización en relación a la interacción social revela es, por el contrario, que la actuación debe comenzar antes y en más lugares si el objetivo es evitar llegar al último estadio del proceso.

A continuación, se exponen dos formas de radicalización de relevancia en la actualidad, como son el caso del islamismo yihadista y el ultraderechismo. El discutir a partir de dos fenómenos concretos puede aportar información para comprender la naturaleza de estos procesos, su relación con las formas de interacción social y los elementos que pueden minimizar su impacto.

2. ISLAMISMO YIHADISTA

El fenómeno del islamismo yihadista, como se ha apuntado, ha ganado notoriedad en el mundo occidental a partir de atentados terroristas muy impactantes y altamente mediatizados (tanto por los perpetradores como por los medios de comunicación), siendo el caso del atentado del 11-S en Estados Unidos el más notorio. En general, el islamismo yihadista se ha vinculado a las dos organizaciones más famosas para el público occidental: Al Qaeda y Estado Islámico (siendo este en el pasado parte de Al Qaeda hasta su ruptura con la organización en 2014). Aunque estas son las organizaciones más conocidas, especialmente por haber llevado a cabo atentados especialmente traumáticos en Europa o Norteamérica, existen otras organizaciones terroristas que forman parte del islamismo yihadista, como Boko Haram (vinculado al Estado Islámico, desarrolla sus actividades principalmente en el norte de Nigeria), Hezbolá (organización terrorista libanesa) o la Yihad Islámica de Egipto.

La mayoría de organizaciones terroristas del islamismo yihadista se vinculan a una interpretación extremista del salafismo, un movimiento islamista radical de corte ultraconservador ubicado dentro del sunismo[124]. Con todo, el islamismo yihadista de tipo salafista no implica que el salafismo sea directamente proclive a la aceptación y ejercicio de actividades terroristas. Es pertinente, entonces, distinguir tres tipos de salafismo: el salafismo purista, el salafismo activista y el salafismo militante o salafismo yihadista[125].

El salafismo purista es una rama del salafismo que evita el activismo político y el uso de la violencia para alcanzar un Estado islámico, optando, en cambio, por la educación de la comunidad musulmana en el principio de segregación con respecto a la población no musulmana y en la «limpieza» de la religión de elementos renovadores o de reinterpretaciones de los textos. Los principios de segregación no se limitan a la población musulmana con respecto a la no musulmana, sino que se aplica también a hombres y a mujeres.

El salafismo activista, por su parte, plantea una crítica radical a los principios democráticos (por entenderlos antagónicos con la fe musulmana) y difunde entre la población musulmana la renuncia a los procesos democráticos, como votar en unos comicios o participar en organizaciones políticas. Entre otras cosas, rechazan la autoridad de los jefes de Estado, incluso cuando son musulmanes. Su actividad suele dirigirse al mundo local y realizan una fuerte crítica a Occidente

---

[124] El sunismo es el grupo mayoritario de musulmanes y se refiere a una interpretación de la doctrina religiosa. La rama minoritaria, pero también relevante, es la del chiismo.

[125] Wiktorowicz, Quintan, *Radical Islam rising: Muslim extremism in the West*, Oxford, Rowman & Littlefield Publishers, 2005.

y a los Estados árabes por impedir el establecimiento de un Estado islámico que sea concordante con su visión del mundo.

El salafismo militante o salafismo yihadista, finalmente, entienden que Estados Unidos y otros países aliados a este dominan el orden mundial y lo hacen en una guerra abierta contra el islam y los musulmanes. De ello derivan la necesidad del recurso a la violencia como herramienta para poder cambiar el orden de cosas. Esta rama del salafismo considera que cada musulmán tiene la obligación de participar en la lucha armada, o sea, la yihad, contra los enemigos del islam y por la expansión de los preceptos islamistas. La yihad, dentro de esta corriente, funciona como un sacrificio que tendría recompensas tras la muerte en el paraíso.

Aunque las tres corrientes plantean elementos antagónicos con el modelo de convivencia intercultural que se ha presentado y defendido, los matices entre las ramas deben ser tenidos en cuenta, señalando el carácter especialmente destructivo del salafismo yihadista. El salafismo, en general, comparte como postulados el monoteísmo y la autoridad absoluta de Dios, predicando la total sumisión a este como mejor manera de retornar a un pasado claramente mitificado. Se establece, también, una distinción radical entre musulmanes y no musulmanes, rechazando a los segundos por no reconocer a Dios como autoridad. Además, el salafismo ve en la democracia un sistema tiránico y antagónico respecto a la doctrina musulmana, pues prioriza las leyes humanas en lugar de las divinas. En esta línea, consideran que el Corán y la Sunna (las enseñanzas del profeta Mahoma) contienen todos los elementos para guiar la vida de los musulmanes, por lo que se oponen a reinterpretaciones de estos textos y a que sean completados por otros[126].

Los salafistas, pese a todo, no se definen así, pues creen que defienden la religión musulmana de forma pura, con lo que no necesitan de otros apelativos para ser reconocidos, teniendo un problema de definición el resto de corrientes al no seguir doctrinalmente los textos del Corán y la Sunna[127]. Este tipo de interpretación resulta atractiva para algunos grupos de musulmanes al implicar cierto sello de autenticidad y exclusividad, como una suerte de grupo iluminado por encima de la ignorancia generalizada de la mayoría. Es por ello que los salafistas utilizan el término «extraños» para autodefinirse, en tanto son los pocos que han resistido con la interpretación correcta. Pese a ello, el islamismo yihadista desarrolla una narrativa según la cual se apela a los musulmanes ordinarios, intentando mostrarles que todos pueden contribuir y desarrollar una «masculinidad guerrera»[128]. A

---

[126] RAN, *Islamist Extremism. Una introducción práctica*, 2019, p. 6.

[127] Hegghamer, Thomas, «Jihadi-Salafists or revolutionaries? On religion and politics in the study of militant Islamism», en Meijer, Roel (ed.), *Global Salafism: Islam's new religious movement*, Oxford, Oxford Scholarship Online, 2014.

[128] RAN, *op. cit.*, p. 12.

pesar de la tensión entre unos postulados de exclusividad y un llamado a las masas, el islamismo yihadista los combina de manera eficaz, ofreciendo exclusividad a los individuos, al tiempo que intenta construir una organización de masas.

El yihadismo, aunque de matriz salafista, paradójicamente, no ha prestado mucha atención a las cuestiones doctrinales y ha elaborado una serie de principios simples que pretenden ser atractivos para atraer a las masas a su causa. Estos son resumidos por Manuel Torres Soriano[129] en los siguientes cuatro:

- Los sistemas sociales y políticos dominantes en el mundo islámico son paganos.
- Todos los musulmanes tienen el deber de fortalecer el Islam y enfrentar el paganismo a través de la predicación y el combate.
- La creación de un auténtico Estado islámico es una misión que corresponde a una «vanguardia de los musulmanes».
- El objetivo de la población musulmana es establecer el reino de Dios en la tierra, lo que conlleva eliminar el vicio, el sufrimiento y la opresión.

El núcleo de este pensamiento es devolver a la religión musulmana su lugar adecuado en el mundo, para lo cual deben combatirse todas las desviaciones y purificar al individuo y a la sociedad musulmanas. La pérdida de esta centralidad, para el islamismo yihadista de corte salafista, está relacionada con la contaminación de la religión de elementos no musulmanes, lo que habrían provocado una caída en «falsos ídolos»: el liberalismo, la democracia, el nacionalismo o el socialismo.

La ideología del islamismo yihadista se fundamenta en una visión del mundo en decadencia, entendiendo que el mundo islámico está sufriendo un ataque por parte de múltiples actores, siendo los principales Occidente y Estados Unidos, que constituyen el «enemigo lejano». Este proceso de decadencia del mundo islámico no solo sería por el ataque del mundo occidental, según sostienen los partidarios del islamismo yihadista, sino que los gobiernos de los países musulmanes son cómplices, en tanto no siguen los principios religiosos y son un obstáculo para la islamización de la sociedad, por lo que constituyen un «enemigo cercano». El islamismo yihadista plantea la lucha contra ambos enemigos, siendo el recurso a la violencia necesario para purificar la sociedad de todos los elementos no islámicos. Aunque coinciden con la mayoría de corrientes islamistas de base salafista en el tipo de sociedad al que aspirar, el islamismo yihadista plantea la situación de forma más urgente y con la necesidad de soluciones más radicales, por lo que hacen de la

[129] Torres Soriano, Manuel, «Bases doctrinales e ideológicas del terrorismo yihadista», en Antón-Mellón, Joan (ed.), *Islamismo yihadista: radicalización y contrarradicalización*, Valencia, Tirant Lo Blanch, 2015, p. 104.

violencia, legitimada a partir del concepto de yihad, un elemento estratégico que supera los esquemas más moderados de otras corrientes, los cuales consideran ineficaces[130].

Los enemigos del islamismo yihadista son caracterizados como actores completamente corrompidos y carentes de moral, por lo que el deber del buen musulmán es enfrentarlos mediante la guerra para purificar la sociedad. Entre los elementos que interpretan para señalar la corrupción moral de Occidente destacan el rechazo a la igualdad social de las mujeres o a la existencia misma de la población no heterosexual, por lo que se despliega una ideología profundamente patriarcal. Esta ideología plantea el retorno a un estado en el que la mujer esté completamente subordinada al hombre[131].

Con esta visión del mundo, el islamismo yihadista despliega una serie de narrativas que pretenden buscar simpatizantes para su causa de purificación de la religión. Concretamente, se apunta a una narrativa de humillación que se basa en señalar que Occidente está en guerra con el islam y ridiculiza constantemente esta religión cuestionando el uso del velo, caricaturizando a Mahoma, desplegando la islamofobia o bombardeando países musulmanes. Otra narrativa utilizada por el islamismo yihadista a partir de su visión de la comunidad islámica amenazada es la narrativa de la injusticia, pues se argumenta que Occidente actúa de forma agresiva contra el mundo musulmán para dividirlo y subordinarlo. Al mismo tiempo, el islamismo yihadista despliega una narrativa de hipocresía, pues Occidente dice defender valores progresistas y la democracia, mientras comete atrocidades en el mundo musulmán, a quienes les niega sus derechos y libertades[132].

Estas narrativas de corte victimista, en tanto albergan elementos de verdad, conectan con preocupaciones reales y legítimas de la población, lo que suponen factores atractivos para que sectores de la población musulmana inicien procesos de radicalización. Estas narrativas se enmarcan en una metanarrativa conspirativa que empapa todo el pensamiento del islamismo yihadista, caracterizado por considerar que son víctimas de un complot global elaborado por sus enemigos básicos, a quienes rechazan: Estados Unidos (y de ahí el antiamericanismo), los judíos (de ahí el antisemitismo) y el mundo occidental (de ahí el antioccidentalismo) de corte liberal-democrático (de ahí la antidemocracia y el antiliberalismo). En última instancia, los líderes de esta conspiración mundial contra el mundo musulmán serían los judíos, quienes detentan el poder en la sombra y controlan el poder mundial.

---

[130] Torres Soriano, *op. cit.*, p. 118.
[131] Roche Mohedano, Yann, *La radicalización islámica. Causas y procesos: casos de Francia y Bélgica* [Trabajo Final de Grado], Madrid, Universidad Complutense de Madrid, 2018, p. 10.
[132] RAN, *op. cit.*, p. 9.

Esto puede explicarse por el obstáculo geopolítico que supone el Estado de Israel para los planes expansionistas del islamismo yihadista en Oriente Próximo, aunque no tienden a camuflar su antisemitismo con expresiones antisionistas o críticas al Estado de Israel, sino que lo ejercen de forma abierta[133].

La victimización del mundo musulmán es una de las bases ideológicas del islamismo yihadista, a la que deben sumarse el determinismo civilizatorio (de modo que el mundo se divide en aquellas partes donde gobierna la voluntad de Dios y las que no), el objetivo de reinstaurar el califato y transformar políticamente el mundo musulmán (mediante la purificación de la religión en su lucha contra la decadencia), la legitimación de las tácticas terroristas, situar en el «enemigo lejano» el principal campo de lucha (a diferencia de otras corrientes salafistas que ven en el «enemigo cercano» el principal obstáculo para sus objetivos, el islamismo yihadista considera que son Estados Unidos y el mundo occidental los impedimentos fundamentales al despliegue de su sociedad ideal) y la reivindicación estratégica de la unidad de los musulmanes frente a este enemigo común[134].

Es partiendo de esta visión del mundo en el que se plantea al («buen») musulmán como víctima que el islamismo yihadista establece una serie de marcos pronósticos con los que hacer frente a las amenazas que experimentan los musulmanes. Con ellos, el islamismo yihadista desarrolla una narrativa de violencia redentora que ofrece a sus seguidores la transformación de la humillación en honor y la victimización en empoderamiento, para lo cual es la lucha armada el camino a la victoria que permita esta mutación. Esta narrativa viene acompañada de elementos legitimadores de la violencia: considerar a la yihad como un deber individual y no como una opción entre otras y tratar la guerra contra los enemigos lejano y cercano como una causa justa[135].

Este tipo de narrativas buscan ganar adeptos dentro del mundo musulmán, para lo cual el islamismo yihadista despliega un importante aparato de comunicación y propagandístico. Los medios más utilizados por estos grupos son la televisión e internet, ya que es el contenido audiovisual el más habitual y el dirigido hacia las masas, aunque son relevantes también los documentos escritos. Dada la red de terrorismo global que plantea desplegar el islamismo yihadista, es de notar que su contenido no solo se difunde en árabe (como hacían en el pasado), pues han optado por recurrir a otros idiomas para conectar con la población musulmana de países occidentales. En internet, las organizaciones islamistas

---

[133] Torrens, Xavier, «Teoría de la conspiración como metanarrativa del islamismo yihadista», en Antón-Mellón, Joan (ed.), *Islamismo yihadista: radicalización y contrarradicalización*, Valencia, Tirant Lo Blanch, 2015, p. 95.

[134] Torres Soriano, *op. cit.*, pp. 110 y ss.

[135] RAN, *op. cit.*, p. 11.

yihadistas buscan a quienes apoyan de diferentes formas a estas organizaciones, sea mediante opiniones, símbolos o noticias compartidas. Con esta información, las organizaciones yihadistas suelen contactar con estos individuos, intentando que accedan a plataformas privadas y encriptadas del grupo, donde la propaganda favorable al islamismo yihadista es permanente.

Sumado a este tipo de actividad en los medios de comunicación, el islamismo yihadista también desempeña un proselitismo de tipo presencial en múltiples lugares: la mezquita, los centros educativos, las universidades, la familia, los espacios de ocio, etc. Las mezquitas no suelen ser el lugar de reclutamiento del islamismo yihadista, pero en ocasiones se utilizan para identificar a potenciales individuos a radicalizar, que luego se reúnen en espacios más informales. También los llamados «grupos de abastecimiento» son lugares de entrada al islamismo yihadista, pues acostumbran a estar compuestos por simpatizantes radicales (especialmente de predicadores especialmente carismáticos) que se dedican a protestar por la situación de los musulmanes, introduciendo elementos ideológicos del islamismo yihadista, pero sin recurrir a la violencia. En este tipo de actividad, la presencia de individuos radicalizados con influencia sobre estos espacios resulta fundamental en el éxito de la radicalización, por lo que es frecuente la infiltración de yihadistas en grupos salafistas genéricos para realizar esta labor de proselitismo[136].

En general, en el proceso de radicalización del islamismo yihadista suele apuntarse a los momentos de ruptura como claves en el mismo. El momento de ruptura se refiere a aquel en el que el individuo se deshace de sus vínculos con los grupos de su entorno anterior a la radicalización y se identifica totalmente con el grupo radical. El camino que lleva al momento de ruptura se caracteriza por la retórica conspirativa del islamismo yihadista, pues la radicalización apunta a revelar las supuestas mentiras del grupo de referencia sobre el mundo, para después señalar el complot internacional contra los musulmanes y, finalmente, generar una situación de angustia permanente por la supervivencia de la comunidad. La socialización este tipo de narrativas e idearios pretende provocar en el individuo la sensación de revelación, que se convenza de que debe tomar partido de forma clara y defender al mundo musulmán del que forma parte, porque son el «bien», frente a las fuerzas del «mal»[137].

Los procesos de radicalización en el islamismo yihadista, como se puede advertir, son fenómenos complejos. Además, no existe un perfil claro de quienes son los

---

[136] Corte Ibáñez, Luis, «Yihadismo global: una visión panorámica», en *Documentos de Seguridad y Defensa, 62: Yihadismo en el mundo actual*, Madrid, Ministerio de Defensa, 2014, pp. 51-54.

[137] Sageman, Marc, *Misunderstanding Terrorism*, Filadelfia, University of Pennsylvania Press, 2016.

individuos que se radicalizan en este tipo de ideología, más allá de que haya una amplia mayoría de hombres y que no es habitual que este proceso ocurra después de los 40 años. Las motivaciones que pueden encontrarse tras este proceso también son complejas de determinar, siendo algunas de las más citadas la búsqueda de pertenencia, reconocimiento social o significado. En este proceso intervienen, como se ha explicado con anterioridad, causas micro, meso y macro, siendo la combinación de elementos propios de los tres niveles lo que explica cada caso particular de radicalización. Derivado del carácter procesual de la radicalización, existen múltiples casuísticas que impiden advertir un proceso homogéneo por el que se lleva a cabo la radicalización, siendo difícil, a su vez, establecer el punto de llegada de la misma[138].

La radicalización en el islamismo yihadista, como se ha intentado expresar, comprende un fenómeno multifacético en el que la socialización en idearios de odio que legitimen y dispongan a la violencia es fundamental. Las técnicas utilizadas para desarrollar esta radicalización son múltiples, pero todas se caracterizan por apelar a ideas existentes dentro de la sociedad musulmana, llevándolas al extremo y disputando la hegemonía con otras corrientes. A su vez, el islamismo yihadista muestra que la radicalización puede resultar fértil cuando es capaz de ofrecer unas narrativas para entender el mundo que no nieguen todo el conjunto de verdades de las personas.

El islamismo yihadista aprovecha las grietas existentes en la interacción social entre los individuos para ejercer su papel de proselitismo y de difusión del odio, por lo que se apoya en fenómenos reales (los cuales reinterpreta, distorsiona y exagera) para lograr la simpatía del número más amplio de musulmanes posible. A su vez, el islamismo yihadista hace uso de los conflictos existentes en el espacio social en que operan para propagar y desarrollar una serie de idearios de odio (antiamericanismo, antisemitismo, antioccidentalismo y antidemocracia) que tienen un terreno propicio en la estructura social y política de los países musulmanes[139]. No obstante, no se limita a repetir los discursos fundamentados en el odio sobre estos temas, sino que los radicaliza mediante la teoría de la conspiración en un sentido preciso que contribuya a sus objetivos políticos, donde el pasar del pensamiento de odio a la acción violenta es un elemento clave en sus procesos de radicalización.

---

[138] Corte Ibáñez, L., «¿Qué sabemos y qué ignoramos sobre la radicalización yihadista?», en Antón-Mellón, Joan (ed.), *Islamismo yihadista: radicalización y contrarradicalización*, Valencia, Tirant Lo Blanch, 2015, pp. 45-47.

[139] Torrens, *op. cit.*

3. ULTRADERECHA

Otro fenómeno producto de la radicalización que es frecuente en la contemporaneidad es el de la ultraderecha. Este fenómeno, que no es nuevo en el tiempo histórico, presenta unas características particulares que lo diferencian de otros procesos de radicalización. La ultraderecha, aunque tenga parámetros compartidos con el islamismo yihadista, tal como se podrá apreciar en su descripción, no puede reducirse a una versión occidental del mismo o viceversa (el islamismo yihadista como versión musulmana del ultraderechismo occidental). Igualmente, la ultraderecha de la contemporaneidad debe distinguirse del fenómeno que representó durante el período de entreguerras el fascismo clásico (1919-1945). Si bien el fascismo clásico era un movimiento de ultraderecha, no puede ser equiparado directamente a los fenómenos actuales de este campo ideológico.

El fenómeno de la ultraderecha dentro de los estudios sobre la radicalización, como se ha apuntado, tiene la complejidad de que no se asocia directamente a organizaciones terroristas y atentados masivos y mediatizados como los del islamismo yihadista, por lo que existe una tendencia entre determinados agentes sociales a no vincularlo a este proceso. En general, al hablar de ultraderecha, la gente piensa (acertadamente) en los gobiernos de Trump, Bolsonaro, Orbán o Meloni y en partidos políticos afines a ideas ultraconservadoras, xenófobas y autoritarias como Vox en España, Rassemblement National (RN) en Francia o Alternative für Deutschland (AfD) en Alemania.

La participación en los procesos electorales y el respeto por las normas democráticas de una buena parte de la ultraderecha en la actualidad, concretamente de la parte dominante de esta ideología, no debe oscurecer que existe otra parte de la ultraderecha que recurre a la acción violenta y al uso de la fuerza física para intentar imponer sus objetivos políticos. En este grupo se incluyen organizaciones neofascistas y neonazis, normalmente marginales, como Bastión Frontal en España (disuelto en 2022), Amanecer Dorado en Grecia (ilegalizado en 2020) o los Proud Boys estadounidenses. A este grupo de organizaciones se le suman algunos individuos que han llevado a cabo atentados terroristas bajo la lógica de «lobos solitarios», esto es, terroristas que realizan sus acciones sin el respaldo directo de una organización o líder, como los casos de Payton Gendron (autor de un tiroteo masivo en 2022 en Búfalo, Estados Unidos, causando 10 asesinatos), Brenton Tarrant (autor de un atentado contra dos mezquitas en 2019 en Christchurch, Nueva Zelanda, asesinando a 51 personas) o el más famoso de todos, Anders Breivik (que en 2011 asesinó a 77 personas en Oslo y Utøya, Noruega).

Este segundo grupo de la ultraderecha sí que suele recibir atención desde el análisis de la radicalización, cosa que probablemente se deba al habitual paradigma de entender la radicalización como aquello que pasa antes de que explote la bomba, por lo que, sin atentado terrorista, no se suele prestar atención a la radicalización, olvidando su carácter procesual. Un primer error común es separar radicalmente estos dos grupos, ante lo cual habría que preguntarse por qué se agrupan, entonces, bajo el concepto común de ultraderecha.

Un segundo error, también frecuente, es la identificación absoluta de estos dos grupos de la ultraderecha o, más concretamente, la identificación de la ultraderecha mayoritaria (o sea, los Trump, Abascal, Salvini, Le Pen, etc.) con el fascismo clásico. Esta forma de interpretar el fenómeno entiende que se estaría ante una reedición de los años 30 del siglo XX y los partidos ultraderechistas exitosos electoralmente son fascistas (o bien fascistas contemporáneos, fascistas modernos, neofascistas o cualquier otra derivación del término). Según esta forma de ver las cosas, las diferencias entre las dos corrientes de la ultraderecha descritas serían coyunturales y tácticas. Si la ultraderecha dominante no recurre a la violencia directa no es porque no quiera, sino porque sería contraproducente para sus intereses, pero en cuanto acumule algo de poder, eso podría ocurrir con relativa facilidad.

Una forma de ver las cosas más precisa debe partir por reconocer que la ultraderecha no es un grupo completamente homogéneo, pero existen elementos compartidos por sus corrientes que permiten entenderlo como parte del mismo fenómeno. Cas Mudde[140] ha propuesto hablar de ultraderecha en general para referirse a los políticos, partidos, ideologías y movimientos situados a la derecha de la derecha tradicional de tipo liberal-conservador, distinguiendo en su interior entre derecha radical y extrema derecha. Aunque ambos grupos cuestionarían los principios de la democracia liberal, la derecha radical acepta el procedimiento democrático y renuncia a la violencia como método político, pero cuestiona elementos clave de los sistemas liberales (los derechos de las minorías y una estricta separación de poderes). La extrema derecha (donde cabe situar el fenómeno del fascismo clásico), en cambio, rechaza plenamente los fundamentos democráticos, por lo que no acepta la soberanía popular ni el principio de la mayoría y considera la violencia un instrumento legítimo para pugnar por sus objetivos políticos. De hecho, la extrema derecha, en continuidad con el fascismo clásico[141], mitifica la violencia y la considera algo bello, con la capacidad de purificar la comunidad nacional.

La derecha radical se correspondería con el grupo hegemónico de la ultraderecha actual y estaría representado por la mayoría de partidos políticos electoralmente exitosos de este grupo, alcanzando los gobiernos de varios países, como Hungría, Estados Unidos, Brasil o Italia. Las organizaciones violentas y los «lobos

---

[140] Mudde, Cas, *Populist radical right parties in Europe*, Cambridge, Cambridge University Press, 2007.
[141] Paxton, Robert, *Anatomía del fascismo*, Madrid, Capitán Swing, 2019, p. 69, 150.

solitarios» que tienen en la violencia un elemento estratégico clave de su acción política, en cambio, formarían parte de la extrema derecha.

Ideológicamente, la ultraderecha se caracteriza por ser ultranacionalista, en tanto la nación es el sujeto principal de sus apelaciones. Para la ultraderecha, la nación es anterior a los individuos y les da forma. Su visión de la nación, además, es estrecha, pues solo estaría formada por una serie de personas con unas características culturales comunes, entre las que destaca principalmente el origen étnico. La ultraderecha rechaza cualquier noción cívica o voluntarista de la nación según la cual la nación se forma por los individuos que mutuamente se reconocen como parte de la misma, de modo que no solo no sería anterior a sus miembros, sino que son ellos quienes deciden darle carta de nacimiento y no se depende necesariamente de características culturales compartidas para ello. En la interpretación esencialista de la ultraderecha, esta idea política, que entiende la nación como un contrato social concreto (y variable), es completamente desechada. Sin ningún tipo de duda, puede considerarse que la ultraderecha es fetichista de la comunidad nacional.

Dentro de esta asunción común, la extrema derecha se diferencia de la derecha radical en que entienden a la nación formada en términos raciales. Nación, etnia y raza forman una unidad para su pensamiento, de modo que todas las personas extranjeras quedan sistemáticamente excluidas de la nación. Además, en tanto que la ultraderecha es unitarista, considera que los elementos ajenos a la nación deben ser eliminados, por lo que la extrema derecha plantea la expulsión del territorio (y, en no pocas ocasiones, la justificación de su eliminación física) de toda la población extranjera (considerada en términos raciales).

La derecha radical, por su parte, no incluye este componente racial en su concepción nacional, «limitándose» a una visión étnica de la patria, conformada por elementos culturales como la lengua, las costumbres, la tradición, etc. En este sentido, la población extranjera, aunque rechazada, tiene la posibilidad de asimilarse (siempre que su cultura de partida no sea antagónica, de acuerdo a los estándares de la derecha radical) y permanecer en el territorio nacional[142].

Esta visión ultranacionalista de la ultraderecha debe conectarse a su forma de interpretar el mundo, caracterizada, como en el caso del islamismo yihadista, por el decadentismo. Para la ultraderecha, la nación se encuentra amenazada por múltiples enemigos internos y externos que planean destruirla, algo para ellos inaceptable, pues es un hecho natural que da forma a las personas. Esta amenaza la consideran real porque la nación está debilitada, en un proceso de decadencia,

---

[142] Lerín Ibarra, David, «La nueva derecha radical como reto a la gobernanza y a la calidad de la democracia», *Cuadernos de gobierno y administración pública*, vol. 6, 2019, n.º 2, p. 110.

habiendo perdido su gloria pasada (una gloria, la mayoría de veces, mitificada mediante una interpretación chovinista de los hechos históricos). Ya sean los progresistas, las élites globales, el «marxismo cultural», el feminismo, el comunismo, las ONG, los musulmanes, el socialismo o el judaísmo, toda la ultraderecha se caracteriza por pensar a su nación como un hecho natural frágil y amenazado por todo un conjunto de actores que buscan su destrucción.

De entre estos enemigos, la población inmigrante y extranjera es la más repetida por parte de la ultraderecha, al considerarlo elementos ajenos de la cultura nacional. A su vez, son uno de los grupos que más sufre sus políticas anti-inmigración cuando estas se aplican (ya sea porque hayan llegado al poder, porque hayan forzado a otros sectores a aplicarlas o porque hayan convencido a otros sectores de aplicarlas). La llegada de inmigración a sus territorios nacionales es siempre interpretada como una amenaza para la nación debido a múltiples razones. Una de ellas es que amenazan el empleo de la población local, otra que provocarán disturbios debido a su cultura (definida como atrasada) antagónica con la nacional (definida como cultivada), otra que acapararán las ayudas sociales dejando a los nativos sin acceso a ellas y otra que acabarán siendo mayoritarios en el territorio, con lo que eliminarán la cultura nacional. Este último ejemplo constituye la teoría de la conspiración del Gran Reemplazo, según la cual, la población nativa de los territorios occidentales estaría siendo progresivamente sustituida por población extranjera hasta que se convierta en mayoritaria y así poder gobernar esta zona del mundo. Aunque existen múltiples versiones con diferente intensidad de radicalismo y de elementos conspiranoicos, es un tipo de relato altamente extendido dentro del ultraderechismo, habiéndose hecho eco de ella diversos líderes de la derecha radical (como Matteo Salvini, por ejemplo) y también representantes notables de la extrema derecha (como el terrorista Brenton Tarrant en su manifiesto «El Gran Reemplazo»).

El decadentismo de toda la ultraderecha es de tipo nativista, es decir, una combinación de nacionalismo y xenofobia que entiende que en el territorio nacional solo pueden habitar personas nativas y solo puede existir una cultura nacional[143]. Es desde estas coordenadas que la purificación de la decadencia de la nación siempre hace referencia a la expulsión de la población extranjera, con las diferencias mencionadas entre extrema derecha y derecha radical.

La decadencia de la nación, para la ultraderecha, debe ser combatida, pues no es un hecho inevitable. En este sentido, la ultraderecha considera que se debe purificar a la comunidad nacional de los males que la asolan. Lo que distingue a la derecha radical de la extrema derecha en este punto es el tipo de purificación

---

[143] Mudde, *op. cit.*, p. 23.

que se debe realizar y los medios a utilizar. La extrema derecha apuesta por una regeneración que mire al futuro, creando una nueva sociedad y un «hombre nuevo» que eliminen las instituciones democráticas del presente. Esta mirada al futuro está cargada de referencias al pasado, pero plantea un nuevo sistema social, de ahí que se considere al fascismo una opción «revolucionaria» de derechas[144].

La derecha radical, a diferencia de esta mirada hacia el futuro, plantea el fin de la decadencia agarrándose al pasado de la nación, buscando restaurar el orden perdido. Para ello, la derecha radical recurre de forma constante a glorificar los hechos históricos de la nación que pueden ser considerados como «gloriosos», siempre desde un carácter etnonacionalista y marcadamente mitificado. Para restaurar este estado de cosas, la derecha radical no plantea como una necesidad la eliminación de las instituciones democráticas, pero sí la reorientación de las mismas hacia posiciones lo más oligárquicas posibles. En suma, la derecha radical plantea vaciar de contenido las instituciones democráticas e introducir en su lugar el máximo de autoritarismo posible, pero sin romper formalmente con ellas[145].

El proyecto de la extrema derecha es antidemocrático, por lo que los medios que utiliza para desarrollarlos niegan los procedimientos democráticos y recurren al uso de la violencia directa. La purificación de la nación, para la extrema derecha, solo puede llevarse a cabo mediante la violencia, empleada esta contra sus enemigos internos y externos. La derecha radical, en cambio, pretende rescatar a la nación de su decadencia sin que ello implique acabar con la institucionalidad democrática. De todas formas, su proyecto de tipo excluyente plantea fricciones con estas instituciones, de ahí que pretendan reformarlas en un sentido autoritario, aunque utilizando sus propios mecanismos. El proyecto de la derecha radical se puede definir como un «liberalismo etnocrático», como ha señalado Roger Griffin[146], ya que, por un lado, respeta y continúa las instituciones liberal-democráticas, pero considerando a un solo grupo étnico miembro de pleno derecho de la sociedad (los nativos) y, por otro lado, despliega una serie de instituciones antiliberales y antidemocráticas para las personas de aquellos grupos étnicos que

---

[144] Con todo, como advierte Enzo Traverso, deben tomarse reservas con esta categorización y señalar los componentes conservadores y reaccionarios que forman parte de la ideología fascista, así como el papel contrarrevolucionario que ejerció tras la Primera Guerra Mundial. Traverso, Enzo, «Interpretar el fascismo. Notas sobre George L. Mosse, Zeev Sternhell y Emilio Gentile», *Ayer*, vol. 60, 2005, n.º 4, pp. 247-249.

[145] Antón-Mellón, Joan, «El neopopulismo en Europa occidental: parámetros doctrinales y esquemas ideológicos», en Antón-Mellón, Joan, *Orden, jerarquía y comunidad. Fascismos, dictaduras y postfascismos en la Europa contemporánea*, Madrid, Tecnos, 2002, p. 301.

[146] Griffin, Roger, «Interregnum or end game? The radical right in the 'post-fascist' era», *Journal of political ideologies*, vol. 5, 2000, n.º 2, p. 173.

no son aceptados. El sistema democrático liberal, entonces, queda restringido para el uso y disfrute de la población nativa.

A pesar de las diferencias entre extrema derecha y derecha radical, ambas corrientes de la ultraderecha comparten una cosmovisión concreta. Esta se fundamenta en la exaltación de la identidad nacional (que se relaciona con entender a las naciones como hechos naturales anteriores a sus miembros), la reivindicación de las jerarquías (se consideran las desigualdades también como hechos naturales y deseables) y la apelación a la lucha como algo existencial (pues es la manera de alcanzar el bien)[147]. Igualmente, extrema derecha y derecha radical comparten un diagnóstico del mundo, al entender que la nación se encuentra en un estado de decadencia por múltiples amenazas, siendo la más habitual la llegada de población extranjera al territorio nacional. Respecto a sus objetivos, ambas pretenden establecer comunidades nacionales étnicamente homogéneas, «purificadas» de elementos ajenos y plenamente jerárquicas, aunque se distinguen en la definición de la homogeneidad (étnica para la derecha radical, racial para la extrema derecha) y en la intensidad de la jerarquía (más acentuada en la extrema derecha, rompiendo con cualquier mecanismo democrático). En donde existen diferencias sustanciales es en la estrategia para alcanzar sus objetivos políticos, pues la extrema derecha apela a la violencia y a la ruptura con el entramado institucional, pero la derecha radical opta por la introducción de reformas y a la lucha cultural[148]. La estrategia de la derecha radical, aunque renuncia al uso de la violencia directa, sigue enmarcada en la interpretación combativa de la existencia, pues entienden sus acciones como una batalla existencial librada en el mundo de las ideas.

Las diferencias entre extrema derecha y derecha radical han provocado que, entre ellas, existan profundas tensiones y una dinámica de competición en la que los éxitos de una han sido los fracasos de la otra. Por ejemplo, en España, desde la irrupción del partido de derecha radical Vox como una fuerza electoral central, los grupos de extrema derecha han perdido apoyos. Un ejemplo es Falange Española, que en las elecciones generales de 2016 había cosechado más de 9.000 votos, pero en las elecciones de 2019, con la irrupción de Vox, se queda en poco más de 600 votos.

Esta dinámica competitiva, de todas formas, no ha supuesto una exclusión de la extrema derecha, sino que, en múltiples ocasiones, ha implicado una retroalimentación y una colaboración. La normalización de la derecha radical contribuye

---

[147] Bihr, Alain, *L'actualité d'un archaïsme. La pensée d'extrême droite et la crise de la modernité*, Lausana, Editions Page deux, 1999.

[148] Es la conocida estrategia «metapolítica» de la derecha radical, la cual plantea que, para alcanzar el poder político, primero deberían desplegar una lucha cultural que les llevase a conquistar la hegemonía ideológica de la sociedad.

a normalizar una visión del mundo que es compartida por la extrema derecha, haciendo sus tesis políticas más populares entre la sociedad. Igualmente, la llegada a diferentes gobiernos de partidos de derecha radical, no solo acelera este proceso de socialización en tesis ultraderechistas, sino que, en varias ocasiones, su estrategia reformista genera un contexto institucional más favorable a la acción de la extrema derecha. Esto se puede verificar en Estados Unidos y en Brasil, donde las presidencias de Trump (2017-2021) y Bolsonaro (2019-2023), respectivamente, estuvieron marcadas por la difusión de idearios ultraderechistas (y, se debe añadir, de odio, como el discurso anti-inmigración o el antifeminista), la connivencia con la actuación de milicias de extrema derecha o la facilitación de las medidas legales para acceder a armas de fuego. Esta serie de acciones explican parcialmente el asalto al Capitolio de Estados Unidos en 2021 y el asalto a la Plaza de los Tres Poderes de Brasil en 2023, en las que seguidores de los presidentes ultraderechistas rechazaban el resultado electoral e intentaban impedir la proclamación de un nuevo presidente. En ambos ataques destacó la participación de milicias de extrema derecha, especialmente en el caso estadounidense.

Los elementos de la ultraderecha que son compartidos con el islamismo yihadista son más de lo que ninguno de estos fenómenos preferiría reconocer. La visión decadentista del mundo, la noción identitaria restringida de lo que conforma su sujeto político (el islam o la nación), la preferencia por sociedades jerarquizadas y el recurso al combate como forma existencial son algunas de las características comunes de estos dos fenómenos. De hecho, en tanto estas cuestiones aparecen también ligadas al fascismo clásico, ha habido quien ha optado por entender al islamismo yihadista como «islamofascismo», opinión extremadamente potenciada y financiada por el departamento cultural de la CIA.

Aunque es útil establecer comparaciones entre estos fenómenos, las similitudes no deben ocultar las diferencias entre ambos. El contexto de decadencia al que aluden islamismo yihadista y la ultraderecha (de tipo fascista o no) es distinto, siendo el mundo musulmán y el mundo occidental entornos que divergen en muchas cuestiones. Igualmente, la purificación de esa decadencia opera de forma distinta, siendo en clave espiritual para el islamismo yihadista y en clave étnica (o étnica-racial) para la ultraderecha. El islamismo yihadista se centra en la homogeneidad a nivel religioso, la cual puede darse por un proceso de mezcla étnica, nacional y racial sin que le suponga un problema con sus fundamentos ideológicos, mientras que la ultraderecha no aceptaría una homogeneidad de este tipo. Igualmente, la violencia es realizada de forma individual mediante la yihad en el islamismo yihadista, mientras que la ultraderecha, cuando la defiende, lo hace a partir de organizaciones como el partido o el Estado (sin negar la violencia individual, pero enmarcada en estas instituciones). Así, no se pueden considerar dos fenómenos equivalentes, ni resulta adecuado el apelativo de «islamofascismo», pero tener presentes sus semejanzas es importante para establecer estrategias eficaces contra dos de las manifestaciones más importantes de los procesos de radicalización[149].

El caso de la ultraderecha es de especial relevancia para entender los procesos de radicalización porque evidencia que el riesgo no solo está en aquellos dispuestos a emprender acciones violentas (como Breivik o Tarrant), sino que está también en aquellos grupos que socializan idearios de odio, despliegan una ideología discriminatoria hacia múltiples grupos, aprueban medidas que facilitan el acceso de la población a armas de fuego y, en suma, quienes de una forma u otra legitiman la violencia contra grupos sociales en situación de desigualdad.

---

[149] Antón-Mellón, Joan y Torrens, Xavier, «Islamismo yihadista y fascismo clásico como ideologías políticas: concomitancias y divergencias», en Antón-Mellón, Joan (ed.), *Islamismo yihadista: radicalización y contrarradicalización*, Valencia, Tirant Lo Blanch, 2015, pp. 174 y ss.

VI

DEMOCRACIA COMUNAL O BARBARIE

Hasta aquí, se han descrito las formas de interacción que se pueden desarrollar en el espacio público, señalando el modelo de convivencia como aquel más positivo para las relaciones entre miembros de la comunidad. También se han descrito las formas en que se puede gestionar la diversidad cultural, apuntando hacia la interculturalidad como el modelo que mejor integra a los distintos grupos en una identidad compartida, al tiempo que respeta las diferencias culturales de los mismos.

Por otra parte, se ha atendido a dos procesos que atentan contra el deseado modelo de la convivencia intercultural: los idearios de odio y la radicalización. Estos procesos, tal como se ha argumentado, surgen de la propia interacción social de los individuos y no aparecen desde fuera como elementos externos dispuestos a contaminar las relaciones entre personas y grupos. Los modos de interacción que existen son más o menos proclives a los efectos de los idearios de odio y la radicalización, por lo que una estrategia para enfrentarlos debe actuar en la interacción social.

Los idearios de odio y la radicalización, que están íntimamente vinculados, son fenómenos que han cobrado relevancia en las últimas décadas. Los incidentes motivados por el odio contra colectivos discriminados como los migrantes, las personas discapacitadas o las personas del colectivo LGBTIQ+, entre otras, forman parte del día a día de estas personas, existiendo una destacable «cifra negra» en cuanto a lo que realmente ocurre. Las expresiones de la radicalización que se han mencionado, islamismo yihadista y ultraderecha, además, despliegan una actividad que legitima el odio y promueve la violencia (de forma más o menos declarada).

El avance de grupos que se fundamentan en el odio y de organizaciones radicalizadas que promueven la violencia revela que la sociedad se encuentra en un estado conflictivo. Este conflicto muestra que las bases de la sociedad contemporánea son incapaces de evitar la generalización de la violencia. La hegemonía política y económica del neoliberalismo (como exacerbación de los postulados genéricos del capitalismo) ha introducido más desigualdades en la sociedad, aumentado la atomización social y contribuyendo a la legitimación de las jerarquías existentes.

En este sentido, quienes se posicionen en contra de las consecuencias de los idearios de odio y la radicalización violenta deben posicionarse también contra sus causas. Para minimizar y deslegitimar los idearios de odio y las ideologías violentas, no basta con actuar una vez se han producido episodios violentos, sino que debe atenderse a las condiciones que han permitido llegar hasta allí. Ello requiere una reflexión sobre el modelo de sociedad al que se aspira, reconociendo que el modelo actual, profundamente desigual, conduce a estos episodios violentos. De hecho, este modelo conduce a una generalización de los idearios de odio y de los procesos de radicalización, por lo que debe señalarse que ello conduce a la barbarie.

Contra la amenaza de la barbarie, el paradigma reactivo no es suficiente. Para hacerle frente de forma efectiva es necesario desplegar un paradigma preventivo, al tiempo que se transforman las instituciones sociales en unas capaces de promover la convivencia intercultural y la gestión alternativa de conflictos como formas de interacción social y de regular las relaciones entre personas y grupos sociales. De esta forma, se plantea en la sociedad un dilema: o se avanza hacia la igualdad social o se propagan las formas violentas, o democracia comunal o barbarie.

1. HACIA UNA DEMOCRACIA COMUNAL

Democracia comunal o barbarie es la elección que afrontan las sociedades occidentales en el contexto presente de propagación de idearios de odio, multiplicación de las organizaciones radicalizadas y la amenaza de que la situación de violencia, usando el término de Galtung, se generalice, quebrando la paz negativa que la mayoría de sociedades experimentan.

En las páginas precedentes se han examinado múltiples formas de la barbarie, alertando sobre su creciente generalización y los impactos que ellas podrían tener sobre la vida de las personas y la forma en que nos relacionamos. Se ha insistido en que estos fenómenos nacen en el interior de las sociedades, como tendencias que se despliegan de una base que los contiene como potencias. En sociedades caracterizadas por una elevada complejidad, en el sentido de una composición social diversa, si esta no se produce en un estado de igualdad y libertad para los miembros, se hace real el riesgo de que las diversas manifestaciones de la barbarie emerjan.

Las tensiones que existen en una sociedad remiten a fenómenos reales de la sociedad, pero solo se convierten en conflictos cuando las tensiones no son gestionadas pacíficamente o cuando se gestionan de forma violenta. En las sociedades capitalistas, las profundas desigualdades existentes entre clases forman la base de múltiples conflictos sociales. Además, la tendencia recurrente a la diferenciación social (por género, edad, etnia, nacionalidad, etc.) que aparece en las sociedades como mecanismo para mantener la dominación estructural de clase introduce mayores riesgos para la aparición de idearios de odio.

Así, hacer frente a la barbarie implica hacer frente a las desigualdades sociales que estructuran las sociedades contemporáneas. La apuesta por una democracia comunal, como se argumentará, parece una buena forma de hacerlo. La democracia comunal tiene como fundamento la apuesta por los bienes comunes como forma de organización de las sociedades.

Los bienes comunes son recursos materiales e inmateriales, naturales o artificiales, universales o locales cuya administración no se restringe a la dicotomía entre propiedad privada y propiedad pública estatal. La propiedad y administración de los bienes comunes son asunto de la comunidad, ya sea esta de forma exclusiva o de forma compartida con otros agentes. De esta forma, los bienes comunes pueden ser prácticamente cualquier tipo de bien o servicio, pero su peculiaridad se encuentra en el régimen de propiedad y modo de administración que los fundamenta[150].

Los bienes comunes se alejan de la propiedad privada, régimen dominante de la actualidad, al entender que el acceso a estos bienes y servicios no debe estar mediado por la voluntad arbitraria de un tercero, algo que generalmente se expresa en la mediación del mercado y el dinero para poder acceder a ellos. Igualmente, los bienes comunes se diferencian del régimen de propiedad pública estatal, pues considera que el acceso y uso de estos bienes y servicios no debe ser enajenado a través de la mediación estatal, sino que debe producirse a través de la autogestión de las comunidades.

Este régimen, aunque diferenciado de la propiedad privada y de la propiedad pública, no supone necesariamente antagonizar con ellas. El régimen de los bienes comunes puede coexistir, y de hecho coexiste, con formas de propiedad privada y de propiedad estatal. La articulación de esta coexistencia es un elemento político, de modo que son las relaciones de fuerza entre agentes políticos la que decidirá qué tipo de propiedad domina en qué territorio. La opción dominante en las sociedades capitalistas ha sido y es el régimen de propiedad privada para la mayoría de bienes y servicios, acompañado de un reducido régimen de propiedad pública para algunos servicios determinados (la defensa, la educación y en algunos Estados la sanidad y las pensiones). El régimen de propiedad común, por su parte, queda completamente desplazado, siendo restringido a bienes o servicios muy concretos en ámbitos locales, especialmente aquellos que no aportan beneficios dinerarios de ningún tipo.

---

[150] Castro-Coma y Martí-Costa, *op. cit.*, p. 134.

Cualquier definición sobre los bienes comunes debe tener en cuenta las palabras de Peter Linebaugh:

> Hablar de los comunes como si fueran recursos naturales es como mínimo engañoso y puede llegar a ser peligroso: los comunes son una actividad y, en cualquier caso, expresan relaciones sociales inseparables de las relaciones con la naturaleza. Sería mejor conservar la palabra como verbo, como actividad, antes que como un nombre, un sustantivo. Pero aquí también hay una trampa. Los capitalistas y el Banco Mundial preferirían que utilizáramos el hacer-común como modo de socializar la pobreza y así poder privatizar la riqueza. El hacer-común del pasado, el trabajo previo de nuestros antecesores, sobrevive como legado en la forma de *capital*, y esto también debe ser reclamado en nuestra constitución[151].

La situación presente de desplazamiento de los bienes comunes tiene su explicación en la historia de la formación del capitalismo. Los bienes comunes han sido regímenes de propiedad y administración existentes en todo tipo de sociedades humanas, llegando hasta la actualidad. Es en los últimos 300 años que su presencia en la articulación de la organización social ha sido minimizada, quedando desplazada como un último recurso de gestión de bienes abandonados por el mercado y por el Estado.

La hegemonía presente de la propiedad privada y la marginación de la propiedad común se remonta a las transformaciones experimentadas en las sociedades europeas con la industrialización. Junto a este proceso de revolución de las herramientas, mecanismos y procesos técnicos del trabajo se iba a producir gradualmente la transición de un modo de producción para el uso como el feudalismo a un modo de producción para el cambio como el capitalismo. Los procesos de privatización de las tierras abiertas comunales (*open fields*) se conocen como «cercamientos» (*enclosures*), que fue la forma en la que los bienes comunes pasaron a ser una forma de propiedad y administración residual en la articulación de la sociedad.

El proceso de cercamiento de las tierras abiertas comunales fue de especial significación en Inglaterra durante los siglos XVI y XVIII, constituyéndose en un proceso gradual de someter los avances productivos a unas relaciones sociales nuevas, fundadas en el intercambio mercantil generalizado. Para ello, la lógica emprendida, como apunta Ellen Meiksins Wood[152], fue la de justificar las privatizaciones de acuerdo al «mejoramiento» (*improvement*), según la cual la propiedad

---

[151] Linebaugh, Peter, *El Manifiesto de la Carta Magna. Comunes y libertades para el pueblo*, Madrid, Traficantes de Sueños, 2013, pp. 283-284.

[152] Wood, Ellen Meiksins, *Los orígenes del capitalismo: una mirada a largo plazo*, Madrid, Siglo XXI Editores, 2021, pp. 118 y ss.

de las tierras solo era legítima si lograba producir una mejora continua de su productividad. Bajo este criterio, todas aquellas tierras que no contribuyesen al beneficio dinerario y al crecimiento económico eran susceptibles de ser cercadas. Estos fenómenos fueron analizados también por Karl Marx, quien los enmarcó dentro de la llamada «acumulación originaria» que permitió el desarrollo del modo de producción capitalista, insistiendo en el carácter violento que constituyó este proceso de transición social, donde el capital viene al mundo «chorreando sangre y lodo, por todos los poros, de la cabeza hasta los pies»[153]. Buena parte de la sangre y el lodo que acompaña al nacimiento de la sociedad moderna se debe al que provoca la privatización de los bienes comunes.

Ubicando la situación de los bienes comunes en el capitalismo neoliberal, se ha sostenido que este cambio en el modelo de acumulación ha supuesto un proceso de «nuevos cercamientos». El neoliberalismo viene a sustituir, desde los años 70 del siglo XX, al modelo de Estados de bienestar que se había hecho más o menos popular durante la segunda posguerra mundial. Esta sustitución, además, se ha caracterizado por el reinicio de procesos de privatización de bienes y servicios públicos, ofrecidos por el Estado benefactor. Los múltiples sectores que han experimentado la privatización se han desarrollado de acuerdo a las lógicas de expansión del beneficio económico, lo que ha sido comparado con el proceso de acumulación originaria. Estos nuevos cercamientos, de todas formas, difieren de los que se ubican en la transición al capitalismo en que apenas afectan a bienes comunes, pues a finales del siglo XX ya eran una forma de propiedad y administración residual. La forma de propiedad y gestión que se ve progresivamente arrinconada por los imperativos del mercado es, ahora, la propiedad pública estatal.

Teniendo esto en cuenta, el proyecto de una democracia comunal se basa en la extensión del régimen comunitario frente al extendido régimen de propiedad privado. Este proyecto no se caracteriza por una limitación del fenómeno a los bienes comunes, sino que se enmarca en un proceso de «devenir común lo público» y «devenir institucional de lo social»[154]. Esto se refiere a la articulación de regímenes comunitarios y regímenes públicos, para evitar, por un lado, la burocratización de la propiedad estatal y, por otro, para evitar que los comunes se reduzcan a experiencias aisladas en pequeñas comunidades, incapaces de ofrecer un acceso universal.

---

[153] Marx, Karl, *El Capital. Crítica de la economía política. Libro I. Proceso de producción del capital.* Madrid, Siglo XXI Editores, 2021, p. 852.

[154] Menéndez de Andés, Ana, Hamou, David y Aparicio, Marco, «Herramientas jurídicas para el devenir-común de lo público», en Menéndez De Andés, Ana, Hamou, David y Aparicio, Marco (eds.), *Códigos comunes urbanos. Herramientas para el devenir-común de las ciudades,* Barcelona, Icaria, 2021, pp. 35-38.

Así, la apuesta por una democracia comunal se ajusta al paradigma de la administración compartida. Este paradigma abandona la visión dominante sobre los bienes comunes de entenderlos como un régimen de excepcionalidad para aquellos bienes o servicios que son abandonados por el mercado o por el Estado. En cambio, este paradigma entiende que los bienes comunes deben ser promovidos de forma activa. Concretamente, el paradigma de la administración compartida apuesta por la colaboración de las comunidades con las instituciones públicas en la gestión de los bienes y servicios en forma de corresponsabilidad. Este paradigma entiende que la promoción de los bienes comunes desde la colaboración comunitaria-institucional refuerza los lazos de los individuos, creando un sentimiento compartido de solidaridad y pertenencia y ayudando al desarrollo positivo de la comunidad, rehuyendo de la intolerancia, los prejuicios y la discriminación hacia las minorías culturales[155]. Todo ello, como se advierte, encaja plenamente en el modelo de convivencia comunitaria e intercultural que sería deseable establecer en la interacción entre individuos y grupos sociales.

La democracia comunal, igualmente, parte de reconocer los límites de la democracia liberal, modelo hegemónico en Occidente en la actualidad, para la consecución de los objetivos aquí descritos: minimización de los idearios de odio, contención de los procesos de radicalización, impulso de la convivencia intercultural, promoción de la gestión alternativa de conflictos y reducción hasta la eliminación de las desigualdades sociales. En suma, los objetivos de la democracia comunal se pueden resumir en la asociación de individuos libres e iguales, algo que, como se argumentará, la democracia liberal no puede lograr.

Para fundamentar esta tesis, primero se debe caracterizar la democracia liberal. Este modo de gobierno se fundamenta en la soberanía popular, el ejercicio delegado del poder (mediante la representación política), la separación de poderes (entre legislativo, ejecutivo y judicial) y el reconocimiento formal de derechos y libertades para la ciudadanía. Estos elementos dan forma a los Estados democráticos de derecho, que es la forma jurídica que adoptan las democracias liberales.

Las democracias liberales, históricamente, suponen una novedad en las formas democráticas, pues quiebra la lógica dominante del ejercicio democrático del poder político hasta el siglo XVIII. Hasta entonces y desde la antigüedad clásica, el concepto de democracia se refería al «gobierno del pueblo» o al «poder popular», esto es, al ejercicio directo del poder político por la ciudadanía. El ejemplo histórico más destacado de esta forma de conceptualizar la democracia es la Antigua Atenas[156],

---

[155] Arena, Gregorio, «Un nuevo derecho para la administración compartida de los bienes comunes. La experiencia italiana», *Revista de administración pública*, vol. 203, 2017, p. 432.

[156] Domènech, Antoni, *El eclipse de la fraternidad: Una revisión republicana de la tradición socialista*, Madrid, Akal, 2004, pp. 51-52.

aunque debe hacerse notar que la ciudadanía en este caso estaba ampliamente restringida, quedando excluidos los extranjeros, los esclavos y las mujeres.

El tipo de democracia fundamentado en el «poder popular» tenía la característica de que no funcionaba a espaldas de la economía, sino que reproducía la unidad existente entre política y economía. Este elemento hacía decisivo al sistema democrático para influir sobre las relaciones de producción y de propiedad existentes en la sociedad, permitiendo que, cuando los sectores menos favorecidos podían gobernar, esto se tradujese en una potente reducción de las desigualdades sociales y progresiva supresión de los privilegios. Este carácter radical de la democracia no pasaba inadvertido entonces ni para sus rivales. Por ejemplo, Aristóteles expresaba:

> (...) el que sean pocos o muchos los que ejercen la soberanía es algo accidental, en el primer caso de las oligarquías, en el segundo de las democracias, porque el hecho es que en todas partes los ricos son pocos y los pobres muchos (...). Lo que diferencia a la democracia y la oligarquía entre sí es la pobreza y la riqueza. Y necesariamente cuando ejercen el poder en virtud de la riqueza ya sean pocos o muchos, es una oligarquía, y cuando lo ejercen los pobres es una democracia[157].

Esta descripción, como resulta claro, se aleja bastante de las condiciones de la democracia liberal. En lugar del «poder popular», el criterio que define a las democracias liberales, a diferencia de la democracia en su sentido clásico, es la existencia de garantías constitucionales, procedimientos reglados y el disfrute pasivo e individual de los derechos. Esta transformación no fue accidental, sino que se produjo en el contexto de aparición de modo de producción capitalista, que tiene como una de sus características fundamentales la separación entre una esfera económica y una esfera política.

Esta separación conllevó la aceptación de la democracia por una parte de las élites económicas, al comprender que esta no tendría el rol de reducir las desigualdades y eliminar los privilegios tal como había sido en el pasado. La democracia que se desarrolló con el surgimiento del capitalismo se circunscribió a la esfera política, no interfiriendo sobre aquello que ocurría en la esfera económica, de lo que se deriva la poca incidencia que puede tener la democracia liberal sobre la explotación de clase. Además, la forma que adopta la democracia liberal al operar de este modo es delegar el poder en representantes políticos, lo que aleja la amenaza (para la clase dominante) de que el conjunto de la población ejerza directamente el poder. Restringida a la esfera política, la democracia (liberal) ha tenido más que decir contra la «corrupción del poder» y la «tiranía de la mayoría» (aspectos que

---

[157] Aristóteles, *Política*, Madrid, Gredos, 1988, Libro III, 1280a, pp. 173-174.

no se deben desdeñar, pero sí apuntar a su insuficiencia) que contra la alienación del poder, esto es, contra la separación del Estado de la sociedad[158].

Otro elemento fundamental de la democracia liberal sobre el que un proyecto de democracia comunal realiza una revisión crítica es sobre el tipo de libertad que de ella se deriva. El concepto de libertad que se consagra en las democracias liberales, al igual que con el tipo de democracia que se desarrolla, es novedoso en el tiempo histórico. Al igual que con el tipo de democracia, este nuevo tipo de libertad aparece de la mano del surgimiento del modo de producción capitalista y de su separación entre esferas económica y política. Esta libertad es, para Isaiah Berlin, uno de sus principales defensores, aquella con «el fin «negativo» de prevenir la interferencia de los demás»[159]. En este concepto de libertad, lo importante es ser libre de hacer algo, no tanto ser libre para algo, por lo que la preocupación que se deriva consiste en garantizar la posibilidad de elección individual. Este tipo de libertad ha recibido el nombre de «libertad negativa» o «libertad como ausencia de interferencia».

Uno de los principales problemas de este concepto de libertad, para los objetivos que se plantearía una democracia comunal, es que es ciega a los elementos estructurales de dominación o de dependencia de los sujetos. Al otorgar el rótulo de libertad a aquellas situaciones en los que los individuos pueden elegir sin la interferencia de un agente externo, se está obviando la situación estructural que puede impedir o permitir el desarrollo y la realización de las potencialidades de las personas.

Este tipo de libertad negativa no aparece en épocas previas al capitalismo, donde el tipo de dominación de los sujetos era directa y personal (ya sea mediante la esclavitud, ya sea mediante la servidumbre). En estos casos, pensar que un esclavo o un vasallo es libre porque puede elegir entre algunas opciones resulta inconcebible. La aparición de este concepto se encuentra relacionada con el triunfo de las relaciones sociales capitalistas, donde el tipo de dominación que se produce es de tipo impersonal. El caso del trabajo asalariado, la forma más habitual de acceder a los medios de vida en este sistema, es un buen ejemplo.

Los trabajadores disponen de la libertad de vender su fuerza de trabajo en el mercado al mejor postor y también pueden decidir no venderla, si las condiciones que desea no se satisfacen. Siguiendo el concepto de libertad negativa, esta es una situación de libertad, pues no hay ningún agente externo que interfiera en la decisión del trabajador que, además, dispone de un abanico de posibilidades

---

[158] Wood, Ellen Meiksins, *Democracy against capitalism. Renewing historical materialism*, Londres, Verso Books, 2016, pp. 204 y ss.

[159] Berlin, Isaiah, «Two concepts of liberty», en *Four essays on liberty*, Nueva York, Oxford University Press, 1969, p. 127.

para elegir aquella que más le convenga. No obstante, la condición en la que los trabajadores aparecen en el mercado como vendedores de fuerza de trabajo es una situación de dominación estructural en la que están «libres» de medios de producción, es decir, están desposeídos de los medios para producir su vida. En el modo de producción capitalista existe una «compulsión muda de las relaciones económicas», esto es, este sistema se reproduce sin una necesidad sistemática de violencia directa (aunque recurre a ella)[160]. En el ejemplo del trabajo asalariado puede comprenderse esta afirmación. Para que el trabajador vaya al mercado a vender su fuerza de trabajo y acepte algunas de las condiciones que le proponen los empleadores no es necesario que nadie le obligue, no hace falta que sea amenazado para hacerlo. Lo que asegura que el trabajador, desposeído de medios de producción, se disponga a vender su fuerza de trabajo a las condiciones que se le presentan (siempre que estas sean suficientes para asegurar su reproducción física) es precisamente la situación estructural en que se encuentra, la situación de desposesión, su condición de individuo «libre» de medios de producción.

En esta situación de dominación estructural, el concepto de libertad negativa adquiere su sentido, pero sin duda resulta insuficiente para articular una sociedad de individuos libres e iguales. Como alternativa, se ha planteado el proyecto de universalizar la libertad o de establecer una «reciprocidad en la libertad»[161]. Esto significa que la libertad solo puede establecerse de forma conjunta con la igualdad, de modo que la libertad, en un sentido que supera la ausencia de interferencia y refiere a las condiciones materiales para ejercerla, no esté restringida a unos pocos, sino que sea igual para todos.

Esta forma de plantear las cosas conecta con la tradición política del republicanismo democrático, que se opone al concepto de libertad negativa como el más deseable y propone que la libertad se interprete como ausencia de dominación o ausencia de dependencia[162]. Lo que esto quiere decir es que, por mucho que un individuo esté en condiciones de elegir o que no esté coaccionado por un agente externo, este individuo solo será libre si se encuentra en una situación en la que no existe una dominación o dependencia, en la que no hay elementos estructurales que le impidan el desarrollo y realización de sus potencialidades. Para alcanzar este estado, la primera condición de la libertad es tener garantizada la existencia material, algo que, en el ejemplo del trabajo asalariado no ocurre, pues la separación de los productores de los medios de producción provoca que la existencia material solo esté garantizada en el sometimiento a las condiciones estructurales.

---

[160] Mau, Søren, *Mute compulsion: A marxist theory of the economic power*, Londres, Verso Books, 2023.
[161] Bertomeu, María Julia, «Pobreza y propiedad. ¿Cara y cruz de la misma moneda? Una lectura desde el republicanismo kantiano», *Isegoría*, vol. 57, 2017, pp. 489.
[162] Skinner, *op. cit.*

Debe notarse que este tipo de razonamiento puede ser utilizado con fines democráticos o con fines oligárquicos, rescatando la distinción aristotélica. Generalmente, la participación en el sistema político se ha reservado para los individuos considerados libres, por lo que rápidamente afloraban los argumentos oligárquicos que, desde esta interpretación de la libertad como no dominación, sostenían que los pobres no eran libres, por lo que no podían gobernar. Así, la ciudadanía se reservaría para los ricos, excluyendo a los pobres o, lo que es lo mismo, la ciudadanía se reservaría para unos pocos. Frente a esta lectura se levantan las tradiciones democráticas, que sostienen que la ciudadanía y la participación política debe ser para todos, con lo que todos deben tener garantizadas sus condiciones materiales de existencia. Es en este segundo sentido es en el que se inspira la democracia comunal.

La democracia liberal, por supuesto, no afronta esta cuestión, pues se fundamenta en la libertad como ausencia de interferencia, algo que, eliminadas la esclavitud y la servidumbre (al menos como relaciones sociales generalizadas), provoca que todos sean libres. No obstante, al fundamentarse también sobre la separación entre una esfera económica y una esfera política, esta libertad es incapaz de alterar sustancialmente las condiciones en que viven las personas, reproduciendo la situación de dominación estructural. La democracia liberal, en este sentido, adolece de la misma limitación. Por supuesto, esto no quiere decir que una democracia liberal sea igual a una dictadura, pero sí quiere decir que carece de la capacidad para encaminar a las sociedades hacia la situación de paz positiva, hacia la convivencia intercultural o hacia la sociedad de individuos libres e iguales.

De hecho, como consecuencia de esta incapacidad, la democracia liberal es un terreno que permite que se desarrollen formas de interacción social excluyentes y aislantes. La imposición del neoliberalismo como racionalidad sistémica desde los años 70 del siglo XX se produjo sin que las democracias liberales sufriesen grandes alteraciones institucionales. De igual forma, la democracia liberal nunca supuso un obstáculo al proceso de neoliberalización de la sociedad, la cual tiene efectos sobre la interacción social, alejando más si cabe el ideal de la convivencia intercultural.

Además, con la atomización social que ha acompañado al triunfo del neoliberalismo, la interacción entre individuos y grupos de la comunidad ha tendido a reducirse, pero en un contexto de aumento de la diversidad social y cultural. Ello, como se ha razonado con anterioridad, facilita que se den procesos de diferenciación social acompañados de la propagación de idearios de odio sobre determinados colectivos sociales. A su vez, la radicalización descansa, en gran parte, sobre los conflictos de la vida cotidiana, los cuales tienden a alimentarse de prejuicios y estereotipos (los cuales pueden venir de un ideario de odio o bien acabar conformando uno).

Esto no debe implicar que se señale a la democracia liberal como culpable de la difusión de idearios de odio y de la aparición de procesos de radicalización, pues los factores que influyen sobre ambos fenómenos son múltiples. Lo que sí implica es que la democracia liberal tiene poco que hacer contra estas cuestiones, pues resulta una institución más o menos pasiva, resultado de su confinamiento a la esfera política. Lo que se puede sacar en claro de lo expuesto hasta aquí es que la democracia liberal no evitará la caída de la sociedad en la barbarie.

El proyecto de democracia comunal, a diferencia de la situación existente, se basa en una serie de principios y mecanismos que pretenden combatir y anular la difusión de idearios de odio y la propagación de los procesos de radicalización. De esta forma, el proyecto de democracia comunal parte de una crítica de lo existente, empezando por el modelo económico, político y social hegemónico, el neoliberalismo. La primera contradicción entre la democracia comunal y el neoliberalismo se encuentra en el tipo de relaciones que una y otro defienden. Mientras el neoliberalismo considera que el mercado debe ser la institución rectora de la vida social, la democracia comunal plantea una sociedad principalmente basada en los bienes comunes.

Si algo caracteriza al neoliberalismo es esta cuestión, tanto que a ella supeditan el resto de problemáticas. La sociedad concebida por el neoliberalismo es una sociedad plenamente mercantilizada, donde cualquier cosa puede ser comprada y vendida y todo es propiedad privada. La libertad de los neoliberales es precisamente la libertad negativa de la ausencia de interferencia, lo que se ha deformado hasta consistir en una libertad de empresa. Es por ello que Friedrich von Hayek sostenía que «tenemos que estar dispuestos a hacer importantes sacrificios materiales para salvaguardar nuestra libertad»[163]. Solo si se permite una ilimitada libertad de empresa, sin interferencia alguna sobre ella (y se refiere aquí a las políticas sociales, a la intervención del Estado en política económica o a la existencia de sindicatos en el mundo laboral), seremos libres, nos dice Hayek. Este proceso, lamentablemente, como reconoce, tiene unos costes que apuntan hacia el nivel de vida de las personas.

Uno de los ejemplos más extremos de la lógica neoliberal seguramente sea la criminalización del «loitering». «Loitering» se puede traducir por «merodear» y consiste en la acción de estar (de pie, sentado, caminando) en el espacio público sin tener, aparentemente, un propósito. Esta actividad, históricamente, ha sido criminalizada en distintos Estados durante el siglo XIX en consonancia con toda una legislación contra las personas pobres. No obstante, la criminalización de esta actividad ha vuelto a incorporarse a algunos sistemas legales, como en algu-

---

[163] Hayek, Friedrich, *Camino de servidumbre,* Madrid, Alianza Editorial, 2007, p. 172.

nos Estados de Estados Unidos o en Australia. Aunque eventualmente afecta a toda la población, quienes más pueden sufrir las consecuencias punitivas de esta legislación son las personas sin hogar, lo que redunda en una criminalización de la existencia para las personas pobres. La lógica neoliberal detrás de estas leyes se encuentra en que el espacio público queda anulado como espacio de la ciudadanía, convirtiéndose en un espacio que siempre debe ser instrumental. El disfrute del espacio público, algo gratuito, desaparece. En su lugar, el espacio público se convierte en el instrumento que conecta la realización de distintas actividades, provocando una compulsión a que las personas sean productivas o consumistas, siempre de acuerdo a los parámetros del mercado.

La democracia comunal, en contra de Hayek y otros neoliberales, rechaza esta noción de libertad y, por tanto, la conclusión de que se debe renunciar al bienestar material para ser libres. El proyecto de democracia comunal encaja más con la noción de libertad como ausencia de dominación, por lo que presta atención a las condiciones materiales de los individuos como premisa de la libertad. Mientras el neoliberalismo ve a la libertad como un valor enfrentado con el bienestar, la democracia comunal los entiende como valores inseparables. Por ello, en lugar de la propiedad privada y el mercado organizando cada rincón de la vida social, la democracia comunal apuesta por la promoción de los bienes comunes y la administración compartida.

El régimen de los bienes comunes, a diferencia de la propiedad privada, no se basa en la exclusión de la mayoría de personas del acceso y uso al bien o servicio en cuestión, sino que, por el contrario, entiende que el derecho de acceso y la responsabilidad de garantizarlo corresponde a la comunidad. La generalización del régimen de los bienes comunes a múltiples bienes y servicios es una forma de ofrecer una institucionalidad donde las condiciones materiales de la población sean aseguradas, contribuyendo a la negación de la dominación y a la universalización de la libertad.

Estos planteamientos, arraigados en la tradición republicana democrática, plantean de forma simultánea una recuperación del concepto clásico de democracia, la democracia como «poder popular», como forma de ejercicio directo del poder político. La democracia comunal, que tiene en la base de su organización a los bienes comunes y a la administración compartida, introduce la idea del ejercicio y control directos del poder social. Concretamente, la democracia comunal entiende el carácter «desalienante» que caracteriza a la democracia clásica, reunificando a la sociedad y al poder político, a la política y a la economía. Esta reunificación se ejecuta mediante la participación del conjunto de la población en la esfera pública, lo que permite un control consciente, planificado y democrático del proceso social. La democracia comunal, entonces, como se le demandaba a la Comuna de París

(1871) «no había de ser un organismo parlamentario, sino una corporación de trabajo, ejecutiva y legislativa al mismo tiempo»[164].

La democracia comunal, para poder acometer las tareas que la democracia liberal no puede satisfacer, debe reunificar lo separado mediante mecanismos democráticos, en el sentido clásico del término. Esto le hace confrontar de nuevo con el modelo neoliberal imperante, que, como advertía David Harvey, es escéptico con la democracia, apostando por la gestión autoritaria de las relaciones sociales en no pocas ocasiones[165]. La razón de este carácter oligárquico del neoliberalismo se encuentra, precisamente, en su conocimiento sobre la potencialidad de la democracia para reducir privilegios y las desigualdades sociales, aspectos naturalizados por el pensamiento neoliberal y el pensamiento derechista en general.

La primera de las reunificaciones a acometer es uno de los principales resultados del neoliberalismo: la de las personas. El neoliberalismo ha tenido como resultado la atomización social, la privatización de la vida pública y el individualismo como ética hegemónica. La administración compartida de los bienes comunes es antitética con esta racionalidad. En su lugar, la democracia comunal apuesta por la participación activa de los miembros de la comunidad en todos los procesos sociales, lo que requiere del fomento de la interacción positiva entre ellos.

La democracia comunal, de esta forma, da respuesta a una de las principales problemáticas que enfrenta el ideal de convivencia intercultural. La ausencia de interacción, la interacción negativa basada en prejuicios o la interacción en situaciones de desigualdad son las amenazas que enfrenta el establecimiento del modelo de interacción social aquí defendido. El fomento de la participación en pie de igualdad es una de las claves para este modelo, pues se reconoce la interdependencia de las personas, pero también su independencia.

Así, la interacción social y la gestión de la diversidad son unos de esos elementos que, en una democracia comunal, habrían de ser tratados como un bien común y ser gestionados mediante la administración compartida. La ciudadanía y las instituciones públicas han de ser corresponsables en la producción de la convivencia intercultural como objetivo social.

Además, la convivencia intercultural y la democracia comunal son fenómenos que, por su naturaleza, se retroalimentan. La interculturalidad como modelo de gestión de la diversidad cultural, como se ha explicado, reconoce y acepta las

---

[164] Marx, Karl, «Manifiesto del Consejo General de la Asociación Internacional de los Trabajadores sobre la guerra civil en Francia en 1871. A todos los miembros de la Asociación en Europa y los Estados Unidos», en Marx, Karl, Engels, Friedrich y Lenin, Vladimir, *La comuna de París*, Madrid, Akal, 2021, p.35.

[165] Harvey, David, *Breve historia...*, p. 74.

diferencias, pero siempre desde el principio de igualdad[166]. Esta noción se conecta con el principio de la democracia comunal de la articulación de libertad e igualdad, pues se promueve la libertad de las personas a expresar e identificarse con sus elementos culturales, pero siempre evitando las asimetrías de poder y reconocimiento, combinando las identidades particulares con una identidad común de tipo democrático que reúna la diversidad de sus miembros.

Este modelo, como es lógico, requiere de la voluntad institucional, pero sobre todo de la activa participación de los miembros de la comunidad. Es en esta participación donde entra en escena, una vez más, el proyecto de la democracia comunal, pues devuelve a la comunidad el protagonismo en el proceso social, reconociéndolos como sujetos efectivos con capacidad de autogobernarse. Si la gestión de la diversidad cultural se limitase a la acción de las instituciones públicas, en lugar de lograr la reciprocidad en la libertad, muy probablemente se mantendría el aislamiento de las culturas minoritarias, pues su inclusión solo se produce cuando hay una vocación general que trasciende la voluntad institucional.

De forma similar, la administración compartida puede aplicarse a la interacción social, generando ello efectos positivos para la construcción de una democracia comunal. El modelo de convivencia, como se argumentó, se diferencia de la mera coexistencia en que se promueve una relación pacífica entre los miembros, se abordan los conflictos existentes de manera dialogada y se tiene en la tolerancia un principio inamovible.

La convivencia intercultural, de esta forma, es uno de los principios que debe guiar la construcción de una democracia comunal como alternativa a la barbarie. Las bases que dan sentido a la democracia comunal conectan de lleno con los requisitos del modelo de convivencia y del modelo de interculturalidad. Además, esta forma de interacción social cuenta con el potencial de anular la difusión de idearios de odio y los procesos de radicalización, elementos que dan forma a la barbarie.

Si algo caracteriza a la convivencia intercultural y a la democracia comunal es que reconoce el carácter complejo de la interacción humana. Estos modelos de relación social reconocen que los conflictos son resultados de la interacción social, por lo que no deben ser evitados, sino que deben ser afrontados. En cierta forma, todo modelo de relación social enfrenta a los conflictos, la diferencia está en el cómo y el cuándo. El gestionar los conflictos desde el momento en que aparecen es algo que caracteriza a la convivencia intercultural y que debe estar en la base de la democracia comunal. A su vez, la gestión pacífica y en pie de igualdad es el hecho

[166] Antón-Mellón, Joan y Antón Carbonell, Elisenda, «Reptes de la gestió de la diversitat en les ciutats del segle XXI – una mirada des de l'òptica identitària, intercultural i comunitària», *Working Papers: Institut de Ciències Polítiques i Socials,* vol. 362, 2019, p. 17.

clave de estos modelos, lo que los diferencia de otros y lo que le vale la condición de considerar sus técnicas como parte de la gestión alternativa de conflictos.

2. DE LA REACCIÓN A LA PREVENCIÓN

El proyecto de la democracia comunal y el paradigma de la convivencia intercultural se fundamentan en la participación ciudadana, el fomento de la igualdad social, la libertad y el entendimiento. Además, se ha señalado cómo ambos sistemas de relaciones humanas son antagónicos con la hegemonía neoliberal que ha caracterizado a las sociedades occidentales desde las últimas décadas del siglo XX.

Este antagonismo también se produce cuando se trata de conceptualizar y gestionar los conflictos que se derivan de la interacción social. Como se ha explicado, el neoliberalismo ha sido acompañado de una forma concreta de gestionar la inseguridad y el malestar de la población. Esta forma, se ha dicho, es la de la gestión penal, apostando por el castigo en sus múltiples formas (desde las sanciones económicas hasta el encarcelamiento, pasando por determinadas intervenciones policiales). El punitivismo, además, se ha extendido como consecuencia de la reducción de políticas sociales, lo que ha dejado un espacio de inseguridad social que ha sido cubierto por el castigo.

Si algo caracteriza a la lógica neoliberal de gestión de la inseguridad social es su carácter plenamente reactivo. Esta lógica interviene una vez han sucedido los conflictos de forma visible, actuando a partir de las consecuencias de los mismos. De hecho, en tanto el neoliberalismo actúa sistemáticamente contra las medidas que pretenden paliar las desigualdades sociales, su forma de actuar ante los conflictos no puede ser otra. A ello hay que sumarle la racionalidad individualista que ha acompañado a este modelo del capitalismo, según la cual, los éxitos y fracasos de una persona se explican por sus propias capacidades, con escasa influencia del entorno. La lógica de gestión de los conflictos que sigue a estas proposiciones es clara. Cada individuo debe encargarse de sus asuntos, de los que es plenamente responsable. Además, como las desigualdades dejan de ser vistas como un problema, desaparece la intervención sobre las mismas para que la interacción entre individuos y grupos abandone una relación jerárquica. La intervención sobre los conflictos, de esta forma, queda reducida a la reacción una vez estallan y ponen en peligro a las personas y a la sociedad.

El proyecto de democracia comunal y el paradigma de la convivencia intercultural, por sus propios fundamentos, discute también este aspecto del neoliberalismo. Al afirmar que las desigualdades no solo no son deseables, sino que son un problema para la interacción social entre individuos y grupos de una comunidad, que las personas son interdependientes y se necesitan las unas de las otras para desarrollarse o que la libertad solo se puede alcanzar mediante su universalización, estas formas relacionales abandonan los enfoques reactivos en la gestión de la inseguridad y el malestar.

Este rechazo al paradigma reactivo que se constituye en el neoliberalismo no es un rechazo a toda reacción en la gestión de los conflictos que se producen en la interacción social. En múltiples ocasiones, la intervención reactiva es necesaria para atajar los problemas. La reacción ante los conflictos, otras veces, se impone como una necesidad al no haberse evitado el estallido del conflicto, sea por desconocimiento del mismo, sea por incapacidad para desescalarlo. La democracia comunal y la convivencia intercultural, de esta forma, no renuncian a la reacción cuando la situación y el conflicto en cuestión lo demandan.

¿Qué es, entonces, lo que diferencia a estos modelos del neoliberalismo en lo relativo a la gestión de los conflictos? La diferencia está en que, mientras el neoliberalismo hace de la reacción su forma predilecta (tendente a ser la exclusiva) para gestionar los conflictos, la democracia comunal y la convivencia intercultural consideran que la reacción es un elemento limitado y excepcional dentro de un paradigma amplio de la gestión de conflictos y que poco hace para atacar la raíz del conflicto y para fortalecer el vínculo comunitario a partir de su resolución. El neoliberalismo encumbra la reacción para dar cuenta de los conflictos, mientras que la democracia comunal y la convivencia intercultural lo mantienen como un instrumento de *ultima ratio*, es decir, como un instrumento que solo se justifica como última opción, una vez el resto de medios menos lesivos no serían eficaces para lograr gestionar el conflicto.

Este principio, existente en el Derecho penal (aunque en su aplicación práctica es discutido si realmente se utiliza, dado que la tendencia con el neoliberalismo ha sido a que el Derecho penal se constituya, más bien, *prima ratio*), debe guiar la forma de afrontar los conflictos de la democracia comunal y de la convivencia intercultural. Esto implica que el paradigma de estos modelos es, a diferencia del neoliberalismo, un paradigma preventivo.

Los paradigmas de tipo preventivo se basan en la noción de que es mejor actuar antes de que estallen los conflictos a hacerlo una vez esto ocurre. En primer lugar, este tipo de actuaciones pretenden evitar grandes daños entre las partes implicadas. En segundo lugar, la prevención entiende que las posibilidades de gestionar satisfactoriamente un conflicto son más altas si este se aborda desde su origen, antes de que experimente una escalada.

La prevención, como forma de gestión principal de los conflictos, es una medida que se hace posible cuando la participación ciudadana se implementa y la reapropiación de las partes y la corresponsabilidad entran en juego. Dado que la prevención actúa en el origen de los conflictos, prestando atención a sus causas y ofreciendo un marco en el que los protagonistas de su resolución sean las partes implicadas, es fundamental que exista un marco de viabilidad para que la población se exprese y actúe. La prevención, entonces, se vincula a la autogestión de la población. Ello, además de la participación, requiere un fortalecimiento de las relaciones comunitarias, algo que le neoliberalismo imposibilita mediante su ética individualista y su progresiva atomización de la sociedad.

A pesar de las dificultades que el contexto presente plantea para una transformación social del tipo de la que aquí se propone, existe un margen de actuación posible desde las instituciones públicas. Este margen de actuación debe acompañarse de otra batería de medidas que apunten a las bases sistémicas de la sociedad (pensando, por ejemplo, en la reducción de las desigualdades sociales y la promoción de la administración compartida de bienes comunes como régimen creciente de propiedad y gestión), las cuales requieren de un planteamiento estratégico de transición. Pensando en la promoción de la democracia comunal y la anulación de la barbarie, a continuación, se proponen una serie de medidas que, contribuyendo a un paradigma preventivo, pueden ayudar a transformar la interacción social entre individuos y grupos de una comunidad en un sentido socialmente deseable.

Se empieza por las cuestiones que pueden minimizar la difusión de idearios de odio, destacando que, muchas de ellas, ya contienen en su puesta en práctica elementos para reducir los procesos de radicalización y promover el modelo de convivencia intercultural:

- Desarrollo de narrativas democráticas y pacíficas

La primera de las medidas que se proponen para minimizar los idearios de odio se refiere a la construcción de narrativas democráticas y pacíficas. Como se ha visto, los idearios de odio se basan en una visión competitiva del mundo, promoviendo la violencia hacia determinados colectivos. Frente a ello, la promoción de idearios pacíficos y tolerantes es una cuestión principal para desarmar las diferentes legitimaciones de la violencia que se despliegan en los idearios de odio. Concretamente, debe afirmarse que la mejor forma de gestionar los conflictos es de forma dialogada.

Igualmente, los idearios de odio recurren a la jerarquización para justificar la discriminación hacia algún grupo determinado. Este tipo de pensamiento debe ser contrarrestado con narrativas democráticas, en el sentido de la democracia como poder popular que se ha expuesto, ya que tiene como fundamento la reducción de privilegios y desigualdades y la afirmación de que todas las personas deben ser libres e iguales en la diversidad que le es propia a la humanidad.

- Participación de la ciudadanía y asociaciones en la creación de narrativas

La segunda medida que se propone para minimizar los idearios de odio es que, en la construcción de las narrativas mencionadas, se impliquen a los habitantes de la comunidad y a las asociaciones existentes en ella. En general, esta implicación puede venir por la acción de las asociaciones de diversos colectivos, que funcionen como elemento de entrada a la colaboración con las instituciones públicas. De todas formas, no toda la población participa activamente en ninguna asociación, con lo que deben efectuarse llamamientos para que la gente conozca estos procesos e intentar que se involucren.

La participación de las asociaciones de diferentes colectivos es crucial para el desarrollo de narrativas adecuadas. El conocimiento que estas asociaciones tienen sobre las experiencias de sus miembros es decisivo para construir una buena narrativa. Para que estas narrativas tengan capacidad de enfrentar a los idearios de odio deben contener elementos ciertos y precisos que ilustren la experiencia de prejuicio y discriminación que sufren diferentes colectivos sociales. Una buena narrativa debe ser capaz, a su vez, de desplegar una visión del mundo que integre las demandas de los colectivos dentro del proyecto de una sociedad de individuos libres e iguales.

• Campañas de sensibilización

Una tercera medida para minimizar la difusión de idearios de odio es llevar estas narrativas democráticas y pacíficas al conocimiento de la comunidad. Para ello, las campañas de sensibilización en diferentes espacios son una buena herramienta. Estas campañas pueden efectuarse en distintas instituciones (educativas, sanitarias, vecinales), en la calle (con actos sobre el tema, por ejemplo) o en internet (ya sea en las páginas institucionales, en redes sociales o en otras plataformas).

Sobre estas campañas hay que decir que pueden centrarse en aspectos concretos de la narrativa, según lo demande la situación. Aunque la narrativa cubra eventualmente todos los posibles colectivos que experimentan discriminación, en determinadas comunidades la problemática del odio afectará solo a la población latinoamericana y en otras a la población musulmana. En estos casos, la campaña de sensibilización puede desarrollarse de forma concreta, pero manteniendo el tono general del tipo de sociedad que se desea.

• Implicación de líderes de opinión comunitarios

Una cuarta medida para minimizar los idearios de odio consiste en que, en el despliegue de estas campañas de sensibilización, se implique a los líderes de opinión comunitarios. Algunos de estos puede que ya hayan participado en la construcción de la narrativa (por ejemplo, los líderes de asociaciones con influencia en la comunidad), con lo que facilita su participación en esta fase.

El fomento de que los líderes de opinión de la comunidad se impliquen en la sensibilización sobre las problemáticas del odio, proponiendo marcos pacíficos y democráticos, tiene un gran poder deslegitimador de los idearios de odio. En general, la influencia de estas personas se debe al rol protagonista que han obtenido en la vida comunitaria, adquiriendo el rol de líderes de una manera informal. Su implicación en estas campañas es de utilidad porque rompe la distancia que en ocasiones existe entre ciudadanía e instituciones, estableciendo un puente entre ambas, lo que otorga más legitimidad al mensaje al gozar de la validación de un miembro respetado de la comunidad.

- Establecer sistemas eficaces de detección de los incidentes de odio.

La quinta medida pretende, resumidamente, evitar la cifra negra. Como se ha dicho, a la hora de cuantificar los incidentes y delitos de odio existe una gran dificultad, pues en múltiples ocasiones no son percibidos por la comunidad o por las propias víctimas. Establecer unos sistemas de detección eficaces es una medida muy necesaria para poder conocer del modo más aproximado a la realidad la magnitud del fenómeno, que será lo que permita establecer las actuaciones.

Estos sistemas de detección deberían seguir un criterio unificado para definir los idearios de odio y distinguirlos de otras cuestiones (como los discursos impopulares). Además, deben ser de fácil acceso para que los distintos agentes de la comunidad (vecinos, asociaciones, profesionales públicos) puedan comunicarse con ellos ante incidentes de odio.

- Formación a asociaciones, profesionales y ciudadanía

La sexta medida que se propone para minimizar la difusión y aceptación de idearios de odio es la formación a asociaciones, profesionales de las instituciones públicas y a la ciudadanía sobre el tema. Esta medida se relaciona directamente con la anterior, pues consiste en ofrecer a los diferentes agentes de la comunidad un conocimiento básico sobre qué son los idearios de odio, qué no son, cómo se manifiestan, cuáles son las causas de su difusión y cuáles las consecuencias (sociales, personales, económicas, etc.) para los colectivos diana de estos discursos.

Esta batería de medidas para minimizar los idearios de odio es una pequeña parte de la acción contra los mismos. Como se ha señalado, las desigualdades estructurales que existen en la sociedad son la causa última que permite que estos idearios se difundan, por lo que estas acciones concretas no deben sustituir las medidas de carácter estructural, pues, de lo contrario, siempre existirá un terreno fértil para que los idearios de odio se propaguen.

Lo que estas medidas señalan, en buena medida, es a la constitución de un paradigma preventivo que disminuya las posibilidades de incidentes de odio. A su vez, como los idearios de odio, en tanto legitiman el uso de la violencia contra determinados colectivos, contribuye a los procesos de radicalización, estas medidas desgastan estos procesos concretos de socialización en ideas y prácticas violentas.

Aunque la complejidad de la radicalización exige respuestas integrales capaces de articular medidas de prevención con medidas reactivas y de protección, ello no excluye que las instituciones puedan ofrecer respuestas ante el fenómeno. Medidas concretas que un paradigma preventivo como el aquí propuesto pueden ofrecer a la desradicalización son algunas de las apuntadas para los idearios de odio, como establecimiento de narrativas que deslegitimen la cosmovisión radicalizada, despliegue de campañas de sensibilización, establecimiento de sistemas de detección eficaces y formación a los diferentes agentes de la comunidad.

Otras medidas concretas serían:

- Planes de inclusión en la comunidad de perfiles de riesgo de radicalización

Uno de los factores que contribuye a la radicalización es la sensación de marginación que experimentan determinados individuos, lo que los hace más susceptibles a una eventual radicalización. Esta marginación afecta de diferentes formas y, sobre todo, a diferentes perfiles. Determinar adecuadamente los perfiles de personas que están excluidas en una comunidad es una de las primeras cuestiones que se deben atender para prevenir procesos de radicalización, filtrándolos después por el riesgo de que esto suceda. Si se trata de un proceso que afecta mayoritariamente a los hombres menores de 40 años, este grupo debe contar con una atención mayor que otros.

Por ello, una medida más para contribuir a la desradicalización es la de elaborar planes de inclusión social para estos perfiles. Esto, además de contribuir a deshacer la situación personal que hace a los individuos susceptibles a la radicalización, permite a las instituciones aumentar su conocimiento sobre ellos, advirtiendo posibles cambios de actitud que apunten a una profundización de la radicalización, lo que activaría mecanismos nuevos. Estos planes, además de fomentar la participación de los individuos en la comunidad, les ofrecerían mecanismos para mantener una actitud crítica con, por ejemplo, talleres de diálogo.

- Involucrar a individuos desradicalizados

Otra medida que contribuye a la prevención de la radicalización y a la desradicalización es involucrar a individuos ahora desradicalizados que en el pasado apoyaban ideologías violentas y de odio. Estos individuos pueden participar en las campañas de sensibilización, en la formación a los agentes de la comunidad o en los planes de inclusión a individuos en riesgo de radicalización.

La participación de este tipo de personas tiene el efecto de mostrar los aspectos concretos de la radicalización. De cara a la comunidad, el relato de estas personas ayuda a desestigmatizar a las personas radicalizadas, pues un riesgo existente es que la comunidad rechace a su grupo por la acción de unos individuos concretos (véase la islamofobia como respuesta al islamismo yihadista). De cara a los individuos en riesgo de radicalización, puede funcionar como un apoyo que muestre preocupaciones similares, pero respuestas alternativas a la radicalización, señalando lo negativo del proceso para el sujeto, sus seres queridos y el conjunto de la comunidad.

- El intercambio de experiencias y colaboración entre comunidades

Para hacer frente a cualquier reto, las comunidades muestran una mejor capacidad de respuesta cuando actúan conjuntamente, poniendo a funcionar la inteligencia colectiva. El intercambio de experiencias relativas a la radicalización entre diferentes comunidades es de utilidad para un mejor conocimiento del fenómeno, contar con el apoyo de personas con experiencia y aprender de qué prácticas han funcionado mejor y cuáles peor en un contexto concreto.

Junto a estas medidas que pretenden evitar algunos de los rasgos de la barbarie aquí descritos, existe otro conjunto de medidas orientadas a promover la convivencia intercultural como el modelo relacional ideal al que deben aspirar las sociedades. Todas estas medidas, en tanto pretenden minimizar los idearios de odio y los procesos de radicalización, ya actúan favorablemente a constituir la convivencia intercultural.

De todas formas, este paradigma preventivo se enriquece cuando se combina con medidas proactivas que promuevan la forma de sociedad deseada.

- Fomentar actividades de conocimiento e intercambio cultural

Una medida destinada a promover la convivencia intercultural en la comunidad es el fomento de actividades que involucren a distintos grupos, de modo que se contribuya al conocimiento de otras culturas y al intercambio de costumbres y experiencias. Estas actividades pueden fomentarse en el marco de otros acontecimientos de la comunidad, como la finalización del curso escolar, las fiestas locales o en festividades de distintos grupos.

- Generar espacios de reflexión conjunta

Además, es importante que desde las instituciones se impulsen espacios de reflexión sobre el estado de la comunidad y las relaciones entre distintos grupos sociales. Estos espacios deben de estar conformados por representantes de los diferentes grupos de la comunidad y de las instituciones. Su utilidad es poder plantear las problemáticas y conflictos que surgen de la interacción social, así como la gestión de las actividades conjuntas.

La reflexión conjunta permite evaluar la situación de la comunidad y atender a los cambios de la misma, conocer las preocupaciones de la población, así como involucrarla en los procesos de elaboración y decisión sobre los procesos que afectan a la comunidad. A su vez, al ofrecer un marco de igualdad para todos los participantes, contribuye a que la visión como libres e iguales se establezca.

- Promoción de la mediación comunitaria como herramienta y filosofía de gestión de conflictos

Una última medida para impulsar la convivencia comunitaria e intercultural dentro del paradigma preventivo y proactivo propuesto es la promoción de la mediación entre la población. Esta promoción se hace en un doble sentido, como herramienta y como filosofía.

Como herramienta, la mediación ofrece un instrumento a la población para gestionar los conflictos que emerjan de la interacción social de forma pacífica y autocompositiva. Como filosofía, la mediación descansa sobre unos principios democráticos que, al promoverse, contribuyen a formar en la sociedad el ideal de convivencia intercultural, donde la tolerancia a la diversidad es máxima y el principio de igualdad rector en la interacción social. Igualmente, al mostrar que los conflictos no requieren del punitivismo para gestionarse satisfactoriamente, la mediación erosiona los principios ideológicos del neoliberalismo.

Estas medidas, como se ha insistido, necesitan ser acompañadas de un programa de alcance general que apunte a reducir las desigualdades y disolver la opresión estructural de determinados grupos sociales. Lo que estas medidas permiten es actuar contra los idearios de odio y la radicalización, al tiempo que se promueve la convivencia intercultural. Aunque necesario, esto no basta, pues la caída en la barbarie responde a causas sistémicas que también deben ser atajadas. La aplicación de estas medidas no puede justificar el abandono de un programa de transformación social que supere las consecuencias lesivas para la interacción social del neoliberalismo. Ambas cosas deben desarrollarse, pues, de lo contrario, solo se ralentizará la caída en la barbarie, pero esta sucederá igual. La alternativa está en la sociedad de individuos libres e iguales, está en la democracia comunal.

VII

REFERENCIAS

Alcácer Guirao, Rafael, «Discurso del odio y discurso político. En defensa de la libertad de los intolerantes», *Revista electrónica de ciencia penal y criminología,* vol. 14, 2012, n.º 2, pp. 1-32. http://criminet.ugr.es/recpc/14/recpc14-02.pdf

Anderson, Benedict, *Comunidades imaginadas: Reflexiones sobre el origen y la difusión del nacionalismo,* México D. F., Fondo de Cultura Económica, 1993.

Antón-Mellón, Joan, «El neopopulismo en Europa occidental: parámetros doctrinales y esquemas ideológicos», en Antón-Mellón, Joan, *Orden, jerarquía y comunidad. Fascismos, dictaduras y postfascismos en la Europa contemporánea,* Madrid, Tecnos, 2002, pp. 277-301.

— «El Eterno Retorno, ¿Son fascistas las ideas fuerza de la Nueva Derecha europea (ND)?», *Foro Interno,* vol. 11, 2011, pp. 69-92. http://dx.doi.org/10.5209/rev_FOIN.2011.v11.37009

Antón-Mellón, Joan y Antón Carbonell, Elisenda, «Populismo punitivo, opinión pública y leyes penales en España (1995-2016)», *Revista Internacional de Pensamiento Político,* vol. 12, 2017, pp. 133-150. https://www.upo.es/revistas/index.php/ripp/article/view/3230/2510

— «Reptes de la gestió de la diversitat en les ciutats del segle XXI – una mirada des de l'òptica identitària, intercultural i comunitària», *Working Papers: Institut de Ciències Polítiques i Socials,* vol. 362, 2019, pp. 1-28. https://www.icps.cat/archivos/Workingpapers/wp362.pdf?noga=1

Antón-Mellón, Joan y Miravitllas Pous, Enric, «Convivencia y radicalización extremista: parámetros genéricos y utilización de contranarrativas en entornos penitenciarios», en Alonso Rimo, Alberto y Gil Gil, Alicia (coords.), *Prevención de la radicalización violenta en prisión,* Madrid, Dykinson, 2021, pp. 185-200.

Antón-Mellón, Joan y Parra, Ignacio, «Concepto de radicalización», en Antón-Mellón, Joan (ed.), *Islamismo yihadista: radicalización y contrarradicalización,* Valencia, Tirant Lo Blanch, 2015, pp. 17-37.

Antón-Mellón, Joan y Torrens, Xavier, «Islamismo yihadista y fascismo clásico como ideologías políticas: concomitancias y divergencias» en Antón-Mellón, Joan (ed.), *Islamismo yihadista: radicalización y contrarradicalización,* Valencia, Tirant Lo Blanch, 2015, pp. 149-179.

Arena, Gregorio, «Un nuevo derecho para la administración compartida de los bienes comunes. La experiencia italiana», *Revista de administración pública,* vol. 203, 2017, pp. 423-441. https://doi.org/10.18042/cepc/rap.203.14

Aristóteles, *Política*, Madrid, Gredos, 1988.

Arrona Etxaniz, Ainhoa, y Larrea Aranguren, Miren, «Marcos para la construcción de una gobernanza colaborativa», Orkestra. Instituto Vasco de Competitividad, 2022. https://www.orkestra.deusto.es/images/investigacion/publicaciones/informes/cuadernos-orkestra/220079-Marcos-construcci%C3%B3n-governanza-colaborativa.pdf

Banco Mundial, «Índice de Gini», *Banco Mundial*, consultado el 10 de junio de 2023. https://datos.bancomundial.org/indicator/SI.POV.GINI

Bauman, Zygmunt, *Identidad: conversaciones con Benedetto Vecchi*, Buenos Aires, Losada, 2005.

Benier, Kathryn, «The People or the Place? An Analysis of the Protective Factors of Hate Crime in Multiethnic Neighnourhoods in Australia», *Australian Journal of Social Issues,* vol. 54, 2019, n.º 2, pp. 157-172. https://doi.org/10.1002/ajs4.63

Berger, Peter y Luckmann, Thomas, *La construcción social de la realidad*, Buenos Aires, Amorrortu, 2015.

Berlin, Isaiah, «Two concepts of liberty», en *Four essays on liberty*, Nueva York, Oxford University Press, 1969, pp. 118-172.

Bernal, Aurora, «La educación entre el multiculturalismo y la interculturalidad», *ESE: Estudios sobre educación,* vol. 4, 2003, pp. 85-101. https://dadun.unav.edu/bitstream/10171/8413/1/Estudios%20Ef.pdf

Bertomeu, María Julia, «Pobreza y propiedad. ¿Cara y cruz de la misma moneda? Una lectura desde el republicanismo kantiano», *Isegoría,* vol. 57, 2017, pp. 477-504. https://doi.org/10.3989/isegoria.2017.057.04

Bihr, Alain, *L'actualité d'un archaïsme. La pensée d'extrême droite et la crise de la modernité*, Lausana, Editions Page deux, 1999.

Blanco Navarro, José María, «Delito de odio. El «hermano pequeño» del terrorismo de extrema derecha», en Huesca González, Ana María, López-Ruiz, José, y Quicios García, María del Pilar (coords.), *Seguridad ciudadana, desviación social y sistema judicial*, Madrid, Dykinson, 2020, pp. 93-102.

Brenner, Robert, *La economía de la turbulencia global*, México D.F., Ediciones ERA, 2013.

Cámara Arroyo, Sergio, «El concepto de delito de odio y su comisión a través del discurso. Especial referencia al conflicto con la libertad de expresión», *Anuario de derecho penal y ciencias penales,* vol. 70, 2017, n.º 1, pp. 139-225. https://www.boe.es/biblioteca_juridica/anuarios_derecho/abrir_pdf.php?id=ANU-P-2017-10013900225

Camps, Ferran, «Participación comunitaria y gestión alternativa de conflictos», *Cuadernos de Trabajo Social,* vol. 13, 2000, pp. 231-251.

Castells, Manuel, *La era de la información. Economía, sociedad y cultura. Volumen 2: El poder de la identidad*, Madrid, Alianza Editorial, 1998.

— «Globalización, sociedad y política en la era de la información», *Bitácora Urbano-Territorial,* vol. 4, 2000, n.º 1, pp. 42-53.

Castro-Coma, M. y Martí-Costa, M. (2016). Comunes urbanos: de la gestión colectiva al derecho a la ciudad. *EURE, 125*(4), 131-153.

Chakraborti, Neil, «Framing the boundaries of hate crime», en Hall, Nathan, Corb, Abbee, Giannasi, Paul y Grieve, John (eds.), *The Routledge International Handbook on Hate Crime*, Nueva York, Routledge, 2015, pp. 13-23.

Cohen-Almagor, Raphael, «Freedom of expression v. social responsability: Holocaust denial in Canada», *Journal of mass media ethics: exploring questions of media morality,* vol. 28, 2013, n.º 1, pp. 42-56. https://doi.org/10.1080/08900523.2012.746119

Corte Ibáñez, Luis, «Yihadismo global: una visión panorámica», en *Documentos de Seguridad y Defensa, 62: Yihadismo en el mundo actual,* Madrid, Ministerio de Defensa, 2014, pp. 43-84.

— «¿Qué sabemos y qué ignoramos sobre la radicalización yihadista?» en Antón-

Mellón, Joan (ed.), *Islamismo yihadista: radicalización y contrarradicalización*, Valencia, Tirant Lo Blanch, 2015, pp. 39-67.

Cueva Fernández, Ricardo, «Republicanismo y autogobierno», *Revista de Estudios Políticos*, vol. 154, 2011, pp. 41-70.

Delgado, Manuel, *El espacio público como ideología*, Madrid, Catarata, 2011.

Di Masso Tarditti, Andrés, Berroeta, Héctor y Vidal Moranta, Tomeu, «El espacio público en conflicto: coordenadas conceptuales y tensiones ideológicas», *Athenea Digital*, vol. 17, 2017, n.º 3, pp. 53-92. https://doi.org/10.5565/rev/athenea.1725

Díaz Bueso, Laura, «Discurso del odio en las redes sociales: la libertad de expresión en la encrucijada», *Revista catalana de dret públic*, vol. 61, 2020, pp. 50-64.

Domènech, Antoni, *El eclipse de la fraternidad: Una revisión republicana de la tradición socialista*, Madrid, Akal, 2004.

Durán Muñoz, Rafael, «Modelos de gestión de la diversidad y conflictos multiculturales. Un apunte sobre casos», en García Castaño, Francisco Javier y Kressova, Nina (coords.), *Convivencia y gestión de la diversidad cultural*, Granada, Universidad de Granada, Actas del I Congreso sobre Migraciones en Andalucía, 2011, pp. 1813-1823.

Esquivel Alonso, Yéssica, «El discurso del odio en la jurisprudencia del tribunal europeo de derechos humanos», *Revista mexicana de derecho constitucional*, vol. 35, 2016, pp. 3-44. https://doi.org/10.22201/iij.24484881e.2016.35.10491

Foucault, Michel, *Historia de la sexualidad. Volumen 1 – La voluntad de saber*, México D. F., Siglo XXI Editores.

Fuentes Osorio, Juan Luis, «El odio como delito», *Revista electrónica de ciencia penal y criminología*, vol. 19-27, 2017, pp. 1-52. http://criminet.ugr.es/recpc/19/recpc19-27.pdf

Fuquen Alvarado, María Elina, «Los conflictos y las formas alternativas de resolución», *Tabula Rasa*, vol. 1, 2003, pp. 265-278.

Galcerán Vercher, Marta, «La conceptualización de los discursos de odio en la Unión Europea», en Bañón, Rafael y Tamboleo, Rubén, *La modernización de la política y la innovación participativa*, Madrid, GOGEP Complutense, 2014, pp. 241-254.

Galtung, Johan, «Violence, Peace, and Peace Research», *Journal of Peace Research*, vol. 6, 1969, n.º 3, pp. 167-191.

— «La violencia: cultural, estructural y directa», *Cuadernos de Estrategia*, vol. 183, 2016, pp. 147-168.

Garcés, Marina, *Nueva ilustración radical*, Barcelona, Anagrama, 2017.

Gascón, M., «Lecciones de Francia en la integración de las segundas generaciones», *Pensamiento crítico*, 2010. http://www.pensamientocritico.org/primera-epoca/margas0910.htm

Giménez Romero, Carlos, «Convivencia. Conceptualización y sugerencias para la praxis», *Puntos de Vista. Cuadernos del Observatorio de las Migraciones y de la Convivencia Intercultural de la Ciudad de Madrid*, vol. 1, 2005, pp. 7-32.

Giménez, C. y Lorés, N., «Convivencia: conceptualización y sugerencias para la praxis», en Fundación CIDOB (coord.), *Inmigración y gobierno local. Experiencias y retos*, Barcelona, IV Seminario de Inmigración y Europa, 2007, pp. 77-100.

Gorrotxategi Azurmendi, Miren, «La gestión de la diversidad cultural: el multiculturalismo en una sociedad plurinacional. El interculturalismo *québécoise* frente al multiculturalismo canadiense», *Revista de Estudios Políticos*, vol. 129, 2005, pp. 89-136.

Griffin, Roger, «Interregnum or end game? The radical right in the 'post-fascist' era», *Journal of political ideologies*, vol. 5, 2000, n.º 2, pp. 163-178. https://doi.org/10.1080/713682938

Gutiérrez David, María Estrella y Alcolea Díaz, Gema, «El "discurso del odio" y la libertad de expresión en el Estado democrático», *Derecom*, vol. 2, 2010, pp. 1-17.

Guzmán, Javier, «Un análisis teórico sobre el proceso de financiarización económica», *Revista GEON: Gestión – Organización – Negocios,* vol. 4, 2017, n.º 2, pp. 125-145.

Harto de Vera, Fernando, «La construcción del concepto de paz. Paz negativa, paz positiva y paz imperfecta», *Cuadernos de Estrategia,* vol. 183, 2016, pp. 119-146.

Harvey, David, *Breve historia del neoliberalismo,* Madrid, Akal, 2007.

— *Ciudades rebeldes: del derecho a la ciudad a la revolución urbana,* Madrid, Akal, 2013.

Hayek, Friedrich, *Camino de servidumbre,* Madrid, Alianza Editorial, 2007.

Hegghamer, Thomas, «Jihadi-Salafists or revolutionaries? On religion and politics in the study of militant Islamism», en Meijer, Roel (ed.), *Global Salafism: Islam's new religious movement,* Oxford, Oxford Scholarship Online, 2014, pp. 245-266.

Ipar, Ezequiel, «Neoliberalismo y neoautoritarismo», *Política y Sociedad,* vol. 55, 2018, n.º 3, pp. 825-849. https://revistas.ucm.es/index.php/POSO/article/view/57514/4564456549083

Keel, Chloe, Wickes, Rebecca, y Benier, Kathryn, «The vicarious effects of hate: inter-ethnic crime in the neighborhood and its consequences for exclusion and anticipated rejection», *Ethnic and racial studies,* 2021, pp. 1-21. https://doi.org/10.1080/01419870.2021.1930094

Kelling, George Lee y Wilson, James Quinn, «Broken Windows. The police and neighborhood safety», *The Atlantic,* 1982. https://www.theatlantic.com/magazine/archive/1982/03/broken-windows/304465/

Landa Gorostiza, Jon-Mirena, «Delitos de odio y estándares internacionales: una visión crítica a contra corriente», *Revista electrónica de ciencia penal y criminología,* vol. 22, 2020, n.º 19, pp. 1-34. http://criminet.ugr.es/recpc/22/recpc22-19.pdf

Lefebvre, Henri, *La producción del espacio,* Madrid, Capitán Swing, 2016.

Lerín Ibarra, David, «La nueva derecha radical como reto a la gobernanza y a la calidad de la democracia», *Cuadernos de gobierno y administración pública,* vol. 6, 2019, n.º 2, pp. 93-116. https://doi.org/10.5209/cgap.65912

Linebaugh, Peter, *El Manifiesto de la Carta Magna. Comunes y libertades para el pueblo,* Madrid, Traficantes de Sueños, 2013.

Macpherson, Crawford Brough, *La democracia liberal y su época,* Madrid, Alianza Editorial, 1997.

Malgesini, Graciela y Giménez, Carlos, *Guía de conceptos sobre migraciones, e interculturalidad,* Madrid, Catarata, 2000.

Maqueda Abreu, María Luisa, «La criminalización del espacio público. El imparable ascenso de las "clases peligrosas"», *Revista Electrónica de Ciencia Penal y Criminología,* vol. 17, 2015, n.º 12, pp. 1-56. http://criminet.ugr.es/recpc/17/recpc17-12.pdf

Martínez Saluquillo, Irene, «La identidad como problema social y sociológico», *Arbor. Ciencia, pensamiento y cultura,* vol. 722, 2006, pp. 811-824. https://core.ac.uk/download/pdf/268083301.pdf

Marx, Karl, *Manuscritos de economía y filosofía,* Madrid, Alianza Editorial, 2020.

— *El Capital. Crítica de la economía política. Libro I. Proceso de producción del capital.* Madrid, Siglo XXI Editores, 2021.

— «Manifiesto del Consejo General de la Asociación Internacional de los Trabajadores sobre la guerra civil en Francia en 1871. A todos los miembros de la Asociación en Europa y los Estados Unidos», en Marx, Karl, Engels, Friedrich y Lenin, Vladimir, *La comuna de París,* Madrid, Akal, 2021.

Marx, Karl y Engels, Friedrich, «Manifiesto comunista», en Bértolo, Constantino (ed.), Marx, Karl, *Llamando a las puertas de la revolución. Antología,* Barcelona, Penguin Clásicos, 2017, pp. 277-312.

Mau, Søren, *Mute compulsion: A marxist theory of the economic power,* Londres, Verso Books, 2023.

Menéndez de Andés, Ana, Hamou, David y Aparicio, Marco, «Herramientas jurídicas para el devenir-común de lo público», en Menéndez de Andés, Ana, Hamou, David y Aparicio, Marco (eds.), *Códigos comunes urbanos. Herramientas para el devenir-común de las ciudades*, Barcelona, Icaria, 2021, pp. 21-50.

Ministerio del Interior, «¿Qué es un delito de odio?», *Ministerio del Interior*. Consultado el 25 de junio de 2023. https://www.interior.gob.es/opencms/es/servicios-al-ciudadano/delitos-de-odio/que-es-un-delito-de-odio/

— *Informe sobre la evolución de los delitos de odio en España*, 2022.

Miró Llinares, Fernando, «Taxonomía de la comunicación violenta y el discurso de odio en internet», *IDP, Revista d'internet, dret i politica*, vol. 22, 2016, pp. 93-118. https://doi.org/10.7238/idp.v0i22.2975

Monreal, Pilar, «Ciudades neoliberales: ¿el fin del espacio público? Una visión desde la antropología urbana», *Quaderns-E*, vol. 21, 2016, n.º 1, pp. 98-112. https://www.raco.cat/index.php/QuadernseICA/article/view/317137/407206

Mudde, Cas, *Populist radical right parties in Europe*, Cambridge, Cambridge University Press, 2007.

Neumann, Peter, «Introduction», en *Perspectives on Radicalisation and Political Violence*, Londres, First International Conference on Radicalisation and Political Violence, 2008, pp. 3-7.

OIM, *Informe sobre las migraciones en el mundo 2022*, Ginebra, OIM, 2022. https://publications.iom.int/system/files/pdf/WMR-2022-ES_0.pdf

Paxton, Robert, *Anatomía del fascismo*, Madrid, Capitán Swing, 2019.

Perotti, Antonio, «Pequeño léxico antropológico y sociológico sobre la inmigración», *Servicio de Documentos. Por un mercado común de las ideas*, vol. 65, 1989, pp. 57-65.

Perry, Barbara, *In the name of hate: understanding hate crimes*, Nueva York, Routledge, 2001.

— «Exlporing the community impacts of hate crime», en Hall, Nathan, Corb, Abbee Giannasi, Paul, y Grieve, John (eds.), *The Routledge International Handbook on Hate Crime*, Nueva York, Routledge, 2015, pp. 47-58.

Ramírez-Orozco, Mario, «De la multiculturalidad a la identidad sutil: una propuesta para la transferencia identitaria», *Revista CIDOB d'Afers Internacionals*, vol. 93-94, 2011, pp. 261-277.

RAN, *Islamist Extremism. Una introducción práctica*, 2019. https://home-affairs.ec.europa.eu/system/files/2020-10/ran_factbook_islamist_extremism_december_2019_es.pdf

Requena Paredes, José, *Un discurso contra el odio*, Granada, Real Academia de Jurisprudencia y Legislación, 2017. http://rajylgr.es/wp-content/uploads/2018/07/un-discurso-contra-el-odio-jose-requena.pdf

Rendueles, César, *Contra la igualdad de oportunidades. Un panfleto igualitarista*, Barcelona, Seix Barral, 2020.

Rivera Beiras, Iñaki, «Hacia una criminología crítica global», *Athenea Digital. Revista de Pensamiento e Investigación Social*, vol. 16, 2016, n.º 1, pp. 23-41. https://doi.org/10.5565/rev/athenea.1734

Roche Mohedano, Yann, *La radicalización islámica. Causas y procesos: casos de Francia y Bélgica* [Trabajo Final de Grado], Madrid, Universidad Complutense de Madrid, 2018. https://politicasysociologia.ucm.es/file/11y_roche_tfg

Roitman, Sonia, «Gated communities: definition, causes and consequences», *Urban Design and Planning*, vol. 163, 2010, n.º 1, pp. 31-38. https://doi.org/10.1680/udap.2010.163.1.31

Rollnert Liern, Göran, «El discurso del odio: una lectura crítica de la regulación internacional», *Revista española de derecho constitucional*, vol. 15, 2019, pp. 81-109. https://recyt.fecyt.es/index.php/REDCons/article/view/72204

Sageman, Marc, *Misunderstanding Terrorism*, Filadelfia, University of Pennsylvania Press, 2016.

Sassen, Saskia, *Contrageografías de la globalización. Género y ciudadanía en los circuitos transfronterizos*, Madrid, Traficantes de Sueños, 2003.

Scheunemann de Souza, Daniel, «La doctrina de los 'Three Strikes and You're out' y el principio de proporcionalidad en el constitucionalismo y jurisprudencia estadounidenses», *Derecho & Sociedad,* vol. 31, 2008, pp. 241-250.

Schmid, Alex, «Radicalisation, De-Radicalisation, Counter-Radicalisation: A Conceptual Discussion and Literature Review», *International Centre for Counter-Terrorism*, 2013, pp. 1-105. https://www.icct.nl/sites/default/files/import/publication/ICCT-Schmid-Radicalisation-De-Radicalisation-Counter-Radicalisation-March-2013_2.pdf

Schmitt, C., *El concepto de lo político,* Madrid, Alianza Editorial, 2009.

Sen, Amartya, *Identitat i violència,* Barcelona, La Campana, 2009.

Sequera, Jorge, y Janoscha, Michael, «Ciudadanía y espacio público en la era de la globalización neoliberal», *Arbor. Ciencia, pensamiento y cultura*, vol. 188, 2012, n.º 755, pp. 515-527. https://doi.org/10.3989/arbor.2012.755n3005

Skinner, Quentin, «La libertad de las repúblicas: ¿un tercer concepto de libertad?», *Isegoría*, vol. 33, 2005, pp.19-49. https://doi.org/10.3989/isegoria.2005.i33.417

SOS Racismo, *Parad de pararme. La apariencia no es motivo. Identificaciones policiales por perfil étnico en Cataluña. Informe 2018*, 2018. https://www.pareudepararme.org/uploads/informe2018-es.pdf

Sponholz, Liriam, «Hate speech and deliberation: Overcoming the «words-that-wound» trap», en Pérez-Escolar, Marta y Noguera-Vivo, José Manuel (eds.), *Hate Speech and Polarization in Participatory Society*, Nueva York, Routledge , 2020, pp. 49-64.

Subirats, Joan, «Los grandes procesos de cambio y transformación social. Algunos elementos de análisis», *Cambio social y cooperación en el siglo XXI*, 2010, pp. 7-20. https://ddd.uab.cat/pub/caplli/2010/119513/camsoccoosig_a2010p8.pdf

Tejedor, María del Rocío, «A caballo entre dos mundos: la construcción identitaria de las segundas generaciones en Alcalá de Henares», *Lengua y migración,* vol. 2, 2010, n.º 1, pp. 67-95. https://www.redalyc.org/pdf/5195/519553949003.pdf

Temperman, Jeroen, «Blasphemy versus incitement: an international law perspective», en Beneke, Christopher, Grenda, Christopher y Nash, David (eds.), *Profane: Sacrilegious Expression in a Multicultural Age*, Oakland, University of California Press, 2014, pp. 281-314.

Torrens, Xavier, «Multiculturalismo», En Antón-Mellón, Joan y Torrens, Xavier (eds.), *Ideologías y movimientos políticos contemporáneos*, Madrid, Tecnos, 2006, pp. 471-494.

— «Teoría de la conspiración como metanarrativa del islamismo yihadista», en Antón-Mellón, Joan (ed.), *Islamismo yihadista: radicalización y contrarradicalización*, Valencia, Tirant Lo Blanch, 2015, pp. 69-102.

Torres Pérez, Francisco, «De la asimilación al pluralismo. Inmigración y gestión de la diversidad cultural en las sociedades contemporáneas», *Arxius*, vol. 11, 2004, pp. 61-87.

Torres Soriano, Manuel, «Bases doctrinales e ideológicas del terrorismo yihadista», en Antón-Mellón, Joan (ed.), *Islamismo yihadista: radicalización y contrarradicalización*, Valencia, Tirant Lo Blanch, 2015, pp. 103-126.

Traverso, Enzo, «Interpretar el fascismo. Notas sobre George L. Mosse, Zeev Sternhell y Emilio Gentile», *Ayer*, vol. 60, 2005, n.º 4, pp. 227-258. https://revistaayer.com/sites/default/files/articulos/60-8-ayer60_RepublicaRepublicanas_Ramos.pdf

Velasco, Luis, «Identidades colectivas en el horizonte 2050: ¿Consenso o disenso? El ejemplo del servicio militar», *Instituto Español de Estudios Estratégicos*, 2018, pp. 1-16. https://www.ieee.es/Galerias/fichero/docs_investig/2018/DIEEEINV24-2018Identidades_colectivas.pdf

Wacquant, Loïc, «Forjando el Estado Neoliberal: Workfare, prisonfare e inseguridad social», *Protohistoria: historia, políticas de la historia,* vol. 16, 2011, pp. 1-18.

Weber, Max, *El político y el científico*, Madrid, Alianza Editorial, 2021.

Wiktorowicz, Quintan, *Radical Islam rising: Muslim extremism in the West.* Oxford, Rowman & Littlefield Publishers, 2005.

Wood, Ellen Meiksins, *Democracy against capitalism. Renewing historical materialism*, Londres, Verso Books, 2016.

— *Los orígenes del capitalismo*, Madrid, Siglo XXI Editores, 2021.

Zapata, Ricard, *Intercultural citizenship in post-multicultural era*, Londres, Sage Publishing, 2019.

Zuchel y Henríquez, «Una crítica a la interculturalidad desde la interculturalidad crítica», *Hermenéutica Intercultural,* vol. 33, 2020, pp. 85-103. https://doi.org/10.29344/07196504.33.2298

Zysman Quirós, Diego, «La crisis del welfare y sus repercusiones en la cultura política anglosajona», en Iñaki Rivera Beiras (coord.), *Política criminal y sistema penal: viejas y nuevas racionalidades punitivas,* Barcelona, Anthropos, 2005, pp. 255-286.